글로벌 미래 인재를 위한

어린이 창의리더십 워크북

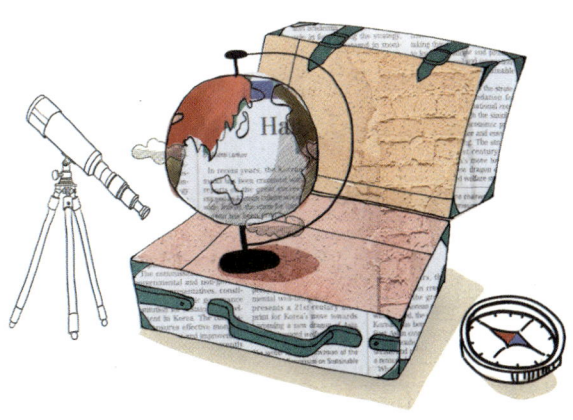

본 저서는 2010년도 정부(교육과학기술부)의 재원으로 한국연구재단의 한국사회기반연구사업(SSK)에 의하여 지원을 받아 연구되었음(NRF 2010-B00218).

글로벌 미래 인재를 위한

어린이 창의리더십 워크북

:: 김동일 저

학지사

여는 글

글로벌 미래 인재를 위하여

상상하자!
어울리자!
정말 바라는 바를 이루자!

우리가 사는 대한민국은 전 세계에서 가장 빠른 속도로 변화하고 있습니다. 앞으로 펼쳐질 세상이 어떤 모습일지 궁금한 것은 물론이고 무척이나 기대가 됩니다.

새로운 미래를 꿈꾸며 온 세상을 품고 사는 글로벌 시대의 여러분은 바로 지금부터 주인공이며, 주인공으로서의 삶을 펼치기 위하여 온 세상을 품고, 뜻을 세우며, 하루하루를 자기주도적으로 재미있고 힘차게 보낼 것이라고 믿어 의심치 않습니다.

여러분의 운명을 바꿀 기회는 언제나 찾아올 것입니다. 그렇지만 기회를 잡으려면 독수리 같은 눈으로 자신과 세상을 바라보고, 진심으로 느끼며, 몸소 실천해야 할 것입니다. 이 책에 제시해 놓은 이야기들이 여러분을 돕는 하나의 사다리가 되기를 진심으로 바랍니다.

자신의 운명과 세상을 변화시키는 기회는 결국 준비하고 기다리는 사람에게 주어질 것입니다. 여러분이 정말 원하는 목표를 세우고(비전), 온 세상의 사람들과 어울려 사는 지혜를 갖추며(문화지능), 스스로 열심히 공부하여(자기주도성), 자신의 꿈을 멋지게 펼치기를 기대하면서, 앞으로 이 책을 통하여 글로벌 인재인 여러분과 계속 이야기를 나누고자 합니다.

2013년 서울대학교 관악캠퍼스에서
오름 김동일 씀

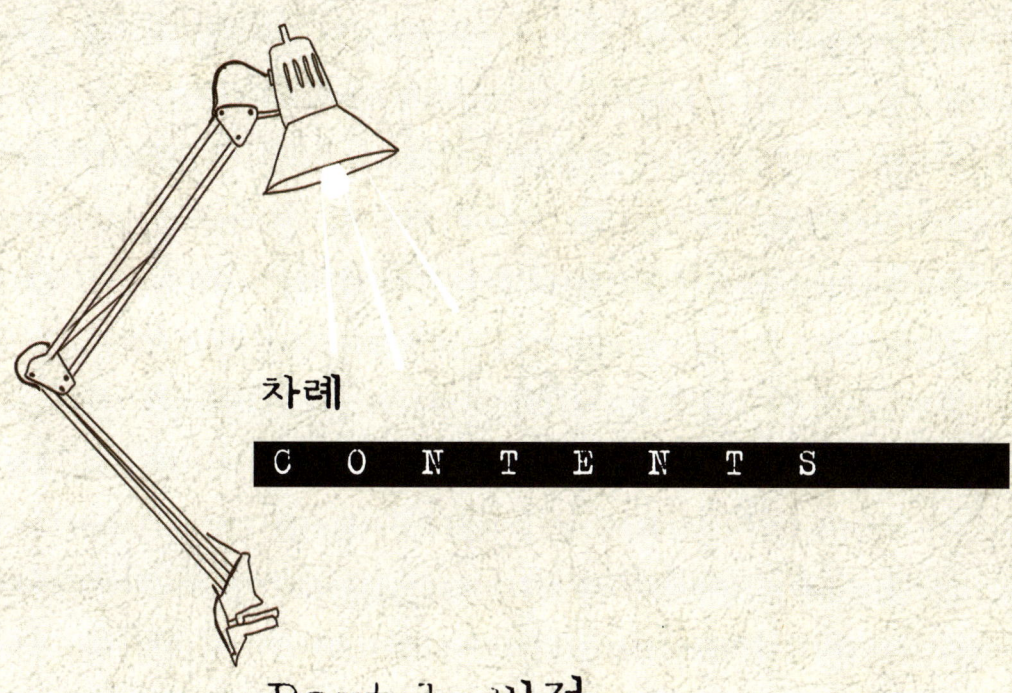

차례
CONTENTS

Part 1. 비전

비전 영역 학습 안내 • 013
목표란 무엇일까? • 017
똑똑한 목표 세우기 • 023
목표를 이룬 사람 • 030
느림보 거북이의 성공 전략 • 036
꿈을 이루는 성공 습관 • 042
희망 명함 만들기 • 050
비전 영역 마무리하기 • 056

Part 2. 문화지능

문화지능 영역 학습 안내 · 061
문화적 차이를 알아보자! · 065
인류의 유산이 된 프랑스 음식 문화 · 070
나는 꿈이 있습니다 · 076
조금 다를 뿐이에요 · 083
알쏭달쏭 문화 차이 · 090
외국인 거리 탐방 · 096
고구려인은 어떻게 살았을까? · 102
우리나라, 얼마나 알고 있나요? · 108
다양한 문화 알아가기 · 116
가슴으로 베푸는 사랑 · 122
문화지능 영역 마무리하기 · 130

Part 3. 자기주도성

자기주도성 영역 학습 안내 · 135
어떻게 공부를 잘할 수 있을까요? · 139
내가 선택한 길 · 145
시간 도둑 잡기 · 151
공부 잘하는 것은 타고나는 것일까요? · 157
집중해서 공부해요 · 163
행복 공부 비법 1 · 169
행복 공부 비법 2 · 175
공부, 잘하고 싶은데 안 되나요? · 181
슈바이처, 끈기와 추진력을 가르쳐 준 사람 · 186
시험의 세 가지 전략 · 192
독해력 기르기 · 200
만점 노트 필기 · 208
나도 이제 독서왕 · 215
마인드맵으로 공부하기 · 222
자기주도성 영역 마무리하기 · 228

Part 1
비전

비전 영역 학습 안내

1. 비전 영역 학습 내용

여기에서는 비전 있는 삶에 대해 알아보려고 해요. 이 장은 여러분이 비전 있는 삶이 어떠한 삶인지 깨닫고, 일상생활에서 어떤 생활 태도를 가져야 하는지 않도록 해 줄 것입니다. 먼저, 비전 있는 삶이란 무엇인지 알아볼까요?

비전 있는 삶이란 미래에 대한 명확한 목표를 주도적으로 세우고 계획하여 행동하는 삶이랍니다. 이러한 삶의 태도는 자신이 가진 가능성, 즉 잠재력과 성취 가능성에 대한 확고한 믿음에서 비롯되지요. 비전이 확실한 사람은 분명한 목표를 설정한 후 이에 맞게 계획을 세운답니다. 그리고 목표를 달성하기 위해 자신의 행동을 조절하고, 시간 등의 자원을 계획적으로 사용하지요.

이러한 비전 있는 삶을 살기 위해서는, 우선적으로 필요한 것이 있어요. 바로 자신이 원하는 꿈과 목표가 무엇인지 분명하게 아는 것입니다. 목표가 확고하지 않으면 목표 달성을 위한 노력 또한 불가능하답니다. 따라서 여러분은 이 책을 통해 자신이 꿈꾸는 미래가 무엇인지 파악하고, 이를 명확하고 구체적인 목표로 만들어 보는 연습을 먼저 하게 될 거예요. 그 후, 자신에 대한 믿음을 바탕으로 구체적인 계획을 세워 목표를 이루어 나가는 과정도 배우게 될 것입니다.

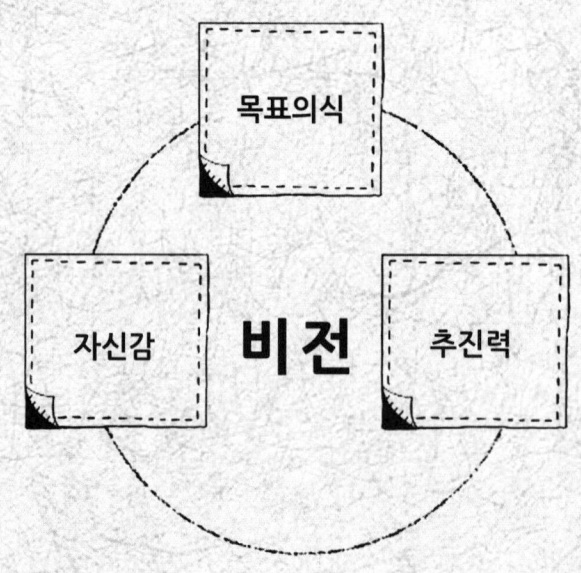

이 책을 통해 명확한 목표를 설정하고, 자신감을 가지고 이를 실행해 나갈 수 있는 추진력을 갖추는 연습을 해 보는 동안, 여러분은 어느새 비전 있는 삶을 살아갈 수 있을 거예요. 하지만 항상 기억해야 할 것은 책을 한 번 읽고 한 번 연습해 보았다고 해서 목표를 수립하고, 이를 추

진해 나가는 능력이 한번에 생기지는 않는다는 점이에요. 습관처럼 몸에 배도록 일상생활에서 반복적으로 꾸준히 연습하는 것이 중요하다는 사실을 잊지 마세요!

2. 비전 영역 읽어 내는 방법

1) 각 장에 제시된 글을 읽어요. 읽을 때는 현재 자신의 모습과 비교하면서 읽어 보세요. 또한 자신이 몰랐던 사실이나 내용이 무엇이 있었는지 생각하면서 읽는 것이 좋아요.

2) 글 마지막에 제시되어 있는 질문에 답해 보아요. 질문은 여러분이 앞에 제시한 글을 잘 이해했는지 확인하기 위한 것이에요. 혹시 질문에 답하기 어렵다면 글을 다시 한 번 읽어 보세요.

3) 플러스 tip에 제시되어 있는 내용을 확인해 보아요. 플러스 tip은 앞에서 제시한 글과 관련이 있는 활동이나 읽을거리, 혹은 주제에 대한 좀 더 발전된 질문 등으로 다양하게 구성되어 있어요. 혼자서 하기 어렵다거나 이해가 되지 않을 때는 부모님이나 선생님에게 도움을 요청해도 좋아요.

목표란 무엇일까?

인정이는 요즘 학교에 가기가 싫답니다. 새 학년이 되니 공부할 내용이 많아졌을 뿐만 아니라 점점 어려워지는 것 같아서 힘이 들기 때문이지요. 또, 가끔씩은 왜 이렇게 어려운 내용들을 공부해야 하는지 잘 모르겠다는 생각도 든답니다. 인정이는 대학에 다니는 이모에게 이에 대해 물어보기로 했어요.

"공부는 우리의 일상생활에 쓰임이 있기 때문에 하는 거야. 내가 배운 것을 가지고 무엇을 하고 싶은지 분명히 알고 있어야 공부하는 즐거움이 생기지."

인정이는 이 말이 무슨 뜻인지 알 것 같다가도 정확하게 무엇을 의미하는지 충분히 이해되지는 않았어요. 아리송한 인정이의

표정에 이모는 다시 말했지요.

"인정아, 네가 지금 공부하는 내용들은 나중에 네가 하고 싶은 일을 할 수 있도록 도와줄 거야. 인정이는 선생님이 되고 싶다고 했지? 선생님이 되기 위해서는 공부를 많이 해서 아는 것이 많아져야겠지? 인정이가 공부를 하는 것은 바로 인정이의 꿈과 목표를 이루기 위해서라고 할 수 있어."

인정이는 이모와의 대화를 통해 자신의 꿈과 목표를 위해서 공부를 해야 한다는 것을 알게 되었어요. 그런데 꿈과 목표란 구체적으로 무엇을 말하는 것일까요?

 **목표의 의미**

목표란 간단히 말하면, 내가 하고자 하는 일에 대해 생각하고 다짐하는 것이라고 할 수 있어요. 예를 들면, 여러분이 "이번 시험에서 100점을 맞겠어."라고 말한다면 여러분의 목표는 '시험에서 100점 받기'가 되는 것이지요. 사실, 목표란 것은 자신이 무엇을 원하는지 아는 것에서 출발한답니다. 내가 원하는 것이 무엇인지 알아야 이를 얻기 위해 어떤 목표를 세워야 하는지 알 수 있기 때문이지요. 우선, 다음과 같은 질문을 던져 보면 좀 더 구체적으로 목표를 세울 수 있답니다.

1. 내가 잘하는 일은 무엇일까?

2. 내가 좋아하고 하고 싶은 일은 무엇일까?
3. 내가 해야 되는 일은 무엇일까?

이와 같은 질문들에 대한 대답은 목표를 세우는 데 무척이나 중요한 부분이에요. 우선, 내가 가장 잘할 수 있는 것과 좋아하는 것을 알게 되면 무엇이든 재미를 느끼면서 할 수 있지요. 또, 내가 반드시 해야 하는 일을 알게 되면 힘들어도 어려움을 참으면서 조금씩 성장하는 내 모습을 보는 즐거움을 맛볼 수 있어요.

하지만 하고 싶은 일, 해야 하는 일, 잘하는 일은 서로 다른 경우가 많아요. 예를 들어, 당장 하고 싶은 일은 친구들과 축구를 하는 것인데, 다음 날이 시험이라 공부를 해야 하는 상황에 처할 수 있지요. 또한 나는 피아노를 잘 치지만 내가 하고 싶은 것은 바이올린인 경우도 있을 수 있어요. 따라서 이 세 가지 일을 모두 골고루 조화롭게 하는 것이 중요해요. 한 가지 일에만 몰두하는 태도는 좋지 않답니다. 하고 싶은 일과 잘하는 일을 열심히 하면서, 하기 싫은 일이라도 해야 할 일이라면 멋지게 해 내는 여러분이 되어 보세요.

목표의 힘

그렇다면 이제 목표를 갖게 되면 무엇이 달라지는지에 대해 알아볼까요? 목표를 갖게 되면 여러분의 삶의 모습이 조금씩 달라질 수 있답니다. 우선, 여러분의 마음속에는 목표를 달성하기 위해 열심히 노력하고자 하는 의지가 생길 거예요. 이루고 싶은 목표나 꼭 하고 싶은 일이 생기면, 자신도 모르는 사이에 이를 이루기 위한 힘이 생겨나게 되지요. 또한 어려운 일들을 견디는 힘도 얻을 수 있답니다. 목표가 없는 사람은 중간에 어려움에 부딪히면 쉽게 포기해 버리지요. 하지만 이루고 싶은 목표가 있는 사람들은 중간에 어려운 일이 생겨도 끝까지 포기하지 않고 이를 이겨 내고 목표를 달성한답니다. 마지막으로, 목표는 여러분을 좀 더 계획적으로 만들어 주지요. 목표가 분명한 사람들은 목표에 맞추어 너무 빠르지도, 느리지도 않게 일을 해 나가요. 자기가 가야 할 곳을 분명히 알고 있기 때문에 서두르지 않고 차근차근 자신이 해야 할 일에 집중하는 것이지요.

　지금까지 목표에 대해 자세히 알아보았어요. 이제 여러분의 경우를 생각해 보아요. 꼭 이루고 싶은 꿈이 있나요? 만약에 그런 꿈이 없다면, 먼저 그 꿈을 찾아보는 것이 중요해요. 꿈을 찾고 목표를 정하면, 마음이 편안해지고 어떤 일을 하더라도 최선을 다해서 열심히 할 수 있답니다.

Question

스스로 생각해 보아요!

'목표란 무엇일까?'를 읽어 보았나요? 이 글을 읽으면서 가장 인상 깊었던 내용은 무엇이었나요? 혹은 글을 읽은 후에 생각이 바뀐 것이 있다면 무엇이었나요? 아래 빈칸에 적어 보세요.

플러스 tip +

『목적이 이끄는 삶』이라는 책을 지은 릭 워렌(Rick Warren)은 목표에 대해 다음과 같이 이야기했어요. 차분히 읽어 보면서 목표에 대해 다시 한 번 생각해 봅시다.

"목표를 알면 왜 살아야 하는지를 알게 됩니다. 왜 살아야 하는지 알게 되면 모든 일을 견딜 수 있게 됩니다. 목표가 없는 하루하루는 되는 대로 대충 살아가게 됩니다. 하지만 목표가 분명하게 되면 삶이 단순해지게 됩니다. 삶이 단순해질수록 마음에는 평화가 오게 됩니다. 목표를 알면 힘이 강해집니다. 무슨 일에 집중해야 하는지를 알 수 있기 때문입니다. 목표를 정하게 되면 불안한 마음이 사라지게 됩니다. 그리고 마음에서 끊임없이 힘이 생겨나게 됩니다. 반대로 목표가 불확실하면 힘이 빠지고 하고 싶은 일이 사라지게 되며, 마음이 불안해집니다. 목표를 알게 되면 집중력이 높아지게 됩니다."

출처: 릭 워렌 저, 고성삼 역(2003). 『목적이 이끄는 삶』. 디모데.

똑똑한 목표 세우기

앞에서 우리는 목표가 무엇인지에 대해 알아보았어요. 하지만 목표를 깊이 생각하지 않고 아무렇게나 세운다면, 여러분의 성장과 발전에 도움이 되지 못할 거예요. 그렇다면 이제 목표를 잘 세우는 법에 대해서 알아볼까요? 나의 꿈과 목표에 대해서 생각하면 마음이 설레고 왠지 무엇이든지 잘 해낼 수 있을 것 같은 힘이 생기는 경험을 해 본 적이 있을 거예요. 하지만 그러한 꿈을 행동으로 옮기려면 많은 고민과 노력이 필요하지요. 그래서 목표는 구체적이고 똑똑하게 세울수록 실천할 수 있는 가능성이 높아진답니다. 똑똑한 목표를 세우기 위한 방법들에 대해 함께 알아보아요.

 어떤 것이 좋은 목표일까요?

훌륭한 목표란 무엇일까요? 여러 가지 경우가 있겠지만, 무엇보다도 훌륭한 목표는 실천을 할 수 있는 구체적이고 뚜렷한 목표이어야 해요. 예를 들어, 어떤 친구의 목표가 '훌륭한 축구 선수가 되는 것'이라면, 그 목표 안에는 구체적으로 어떻게 해서 훌륭한 축구 선수가 될 것인지에 대한 고민이 포함되어 있어야 하지요. 실제로 일상에서 실천할 수 있는 목표를 세우고, 차분히 준비를 할 때에 비로소 목표를 이룰 수 있기 때문이지요.

세계적으로 유명한 자기관리 전문가인 브라이언 트레이시(Brian Tracy)는 똑똑한(SMART) 목표를 세우기 위한 다섯 가지 중요한 방법을 제시했어요. 그 다섯 가지 방법은 다음 표에 나와 있는데, 각 내용의 첫 글자를 따서 영어로 SMART가 되었답니다. 이 SMART를 머릿속에 떠올리면 훨씬 더 구체적이고 실현 가능한 목표를 세울 수 있답니다.

목표	내용
S	구체적이고 자세하게(Specific) 목표를 세워야 함
M	숫자로 잴 수 있어야(Measurable) 함
A	행동으로 옮길 수 있는(Action-oriented) 목표를 세워야 함
R	조금 힘들지만, 할 수 있는 것(Realistic)을 목표로 잡아야 함
T	구체적인 시간 계획(Time limited)이 있어야 함

그럼, 이제부터 똑똑한 목표를 세우기 위한 방법에 대해 자세히 알아볼까요?

첫 번째, 목표는 구체적이고 자세하게 세워야 합니다. 단순히 목표만이 아니라 장소나 기간, 예상되는 어려움, 목표를 이루려는 이유 등이 포함되어야만 우리가 조금 더 쉽게 목표를 달성할 수 있습니다. 예를 들어, '체력을 길러 건강해지겠다.'는 목표를 세운다면, 언제 어디서 어떤 방식으로 체력을 기를지에 대해 구체적으로 생각해 보아야 합니다. 다음의 예를 통해 함께 살펴보아요.

- **목표: 체력 기르기**

  [구체적으로 생각해 볼 질문들]

  1. 누가 목표를 달성하는가?
  – 여기서 목표를 달성할 사람은 바로 '나' 자신이지요.

  2. 나의 목표는 무엇인가?
  – 구체적으로 말하는 것이 좋습니다. 단순히 '체력 기르기'보다는 '줄넘기를 쉬지 않고 100번 할 수 있을 만큼의 체력 기르기' '하루에 운동장을 다섯 바퀴씩 뛰어서 체력 기르기'와 같이 구체적이고 자세한 것이 좋아요.

  3. 장소는 어디인가?
  – 집 앞 놀이터, 학교 운동장 등이 장소가 될 수 있지요.

  4. 얼마 동안 하는가?
  – 목표를 달성하기 위해 필요한 기간을 예상하여 정하는 것이 좋습니다. 한 달 혹은 일 년 등 기간을 구체적으로 정하는 것이 좋지요.

  5. 어려운 점은 무엇인가?
  – 목표를 달성하는 데 방해가 되는 요인들을 미리 생각해 봅니다. 운동을 방해하는 것은 추운 날씨, 컴퓨터 게임의 유혹 등이 될 수 있겠지요.

6. 목표를 달성하고자 하는 이유는 무엇인가?
– 왜 목표를 달성하고 싶은지 진지하게 생각해 보세요.

두 번째, 목표는 숫자로 정확하게 잴 수 있도록 세우는 것이 좋습니다. 예를 들어, '매일매일 운동하기' 보다는 '매일 줄넘기 50번씩 하기' '매일 자전거 30분씩 타기'처럼 좀 더 구체적인 숫자로 표현하여 목표를 세우는 것이지요. 이렇게 되면 목표를 달성하기 위해 얼마나 노력해야 하는지, 그리고 나중에 그 목표를 어느 정도 달성했는지 보다 쉽게 알 수 있답니다.

세 번째, 목표는 행동을 중심으로 세우는 것이 좋아요. '나는 건강해지겠다.'고 하는 것은 다소 추상적인 목표랍니다. 왜냐하면 이 목표를 이루기 위해 무엇을 해야 하는지 명확하지 않기 때문이지요. 그러므로 목표는 행동을 중심으로 세워야 한답니다. 예를 들면, '건강해지기 위해서 매일 30분씩 달리기를 하겠다.'처럼 구체적인 행동(달리기)이 포함된 목표가 보다 훌륭한 목표랍니다.

네 번째, 목표는 조금 힘들지만 노력하면 이룰 수 있는 것이어야 합니다. 내가 지금 줄넘기를 쉬지 않고 30번 할 수 있다면, 목표는 이보다 조금 더 높은 수준이어야 하지요. 하지만 욕심이 나서 200번으로 목표를 잡는다면, 금방 지쳐 버리고, 목표를 달성하기도 힘들겠지요. 또한 너무 낮은 목표를 잡아도 의욕이 생기지 않아요. 따라서 나의 현재 상황을 고려하여 적절한 수준의 목표를 정하는 것이 중요하답니다.

다섯 번째, 목표는 구체적인 시간 계획이 있는 것이 좋습니다. 특히 언제까지 그 목표를 달성할지에 대해 정하는 것이 중요하지요. 구체적인 시간 계획이 있으면, 계속 목표를 떠올리면서 내가 어디까지 와 있는지 점검하게 됩니다. 또한 그 시간 내에 목표를 달성하고자 하는 마음에 조금 더 힘을 내어 노력할 수 있지요.

지금까지 똑똑한 목표를 세우는 방법에 대해서 살펴보았어요. 앞에서 살핀 다섯 가지 요소들을 마음속에 잘 새겨 놓는다면 목표를 세울 때 큰 도움이 될 거예요.

'똑똑한 목표 세우기'를 읽어 보았나요? 똑똑한 목표를 세우는 다섯 가지 방법 중 가장 기억에 남는 것은 무엇이었나요? 하나를 골라 적어 보고 그 이유도 함께 써 보세요.

플러스 tip +

우리도 이제 똑똑한 목표를 세워 볼 거예요. 앞에서 배운 다섯 가지 방법을 다시 한 번 떠올리며, 이에 걸맞게 여러분만의 똑똑한 목표를 세워 보세요.

목표	내용
S	
M	
A	
R	
T	

목표를 이룬 사람

목표를 세우는 것은 습관과도 같아요. 그래서 어린 시절부터 목표를 세우는 것을 중요하게 생각하고, 이를 꾸준히 실천하는 것이 중요하지요. 자신의 꿈과 목표를 현실로 만든 링컨의 이야기를 보면서 목표를 이루는 것에 대해서 생각해 보아요.

 ## 지도자의 꿈을 꾼 링컨

에이브러햄 링컨(Abraham Lincoln, 1809~1865)

링컨은 1809년 2월 12일 미국에서 태어났어요. 당시의 미국은, 지금처럼 크고 강한 나라는 아니었다고 해요. 인디언들과 원주민이 많이 살고 있었고, 영국이나 유럽에서 온 사람들이 살 곳을 찾아 땅을 개척해 나가던 시대였지요. 링컨의 가족도 마찬가지였어요. 링컨의 할아버

030   Part 1. 비전

지와 아버지는 미국 시골에서 농사를 지으며 살아갔지요. 그런 이유로 링컨은 어린 시절부터 고된 농사일을 도우며 자랐어요. 주변에는 학교도 없었고, 넉넉하지 않은 형편 때문에 공부를 하는 것도 쉽지 않았지요. 하지만 이런 환경 속에서도 링컨은 "훌륭한 사람이 되어 나라에 도움이 되어야겠다."라는 자신의 꿈과 목표를 포기하지 않았어요.

학교를 다니기는 어려운 상황이었지만 주변 어른들의 도움을 받아 글자를 읽고 쓰는 방법을 배웠고, 나아가 책을 통해 많은 지식을 익히고 자신의 생각을 정리했어요. 또, 나라에 도움이 되기 위해서 자신이 무엇을 해야 하는지 생각하면서 구체적인 목표를 세워 나갔어요.

링컨은 어떻게 하면 모든 사람이 자유롭고 평화롭게 살 수 있을지에 대해 관심을 가졌어요. 당시 미국에는 흑인을 백인의 노예로 삼는 제도가 있었는데, 링컨은 어렸을 때부터 이러한 노예제도가 사라져야 한다고 생각했답니다. 그리고 이러한 생각을 실천하기 위해 정치가가 되겠다는 꿈을 갖게 되었지요.

링컨은 꿈을 이루기 위해 자신이 할 수 있는 최선의 노력을 다했어요. 책을 통해 많은 지식을 쌓고 열심히 공부했지요. 비록 바쁜 농사일에서 벗어날 수는 없었지만 링컨은 틈틈이 시간을 쪼개 자기를 발전시키기 위한 노력을 했던 거예요.

마침내 대통령이 되다!

　주변에 학교도 없었고, 공부를 가르쳐 줄 사람도 많지 않았던 링컨에게 힘이 되어 준 것은 바로 책이었어요. 링컨은 책을 통해 아무리 큰 어려움이 따른다 하더라도 자기가 세운 꿈을 포기하지 않고 계속해서 도전해야 한다는 사실을 배울 수 있었답니다.

　하지만 이렇게 꿈을 향해 준비해 온 링컨에게도 시련은 있었어요. 국회의원 선거에 나갔지만 당선되지 못했어요. 그래도 링컨은 절대 포기하지 않았답니다. 실패했다고 해서 좌절하기보다는 끝까지 목표를 달성하기 위해 더욱 노력했어요. 그리고 마침내, 링컨은 대통령이 되었답니다.

대통령이 된 링컨은 자만하지 않고 평소 자신의 생각대로 노예제도를 없애기 위해 노력하기 시작했어요. 어렸을 때부터 생각했던, 모든 사람이 조화롭고 평등하게 사는 세상을 만들겠다는 자신의 꿈을 실현하기 위해서였지요. 그 과정에서 링컨은 전쟁을 겪는 등 많은 시련을 맞이했지만 절대 포기하지 않았어요. 그 결과 반드시 노예를 해방하고 모든 사람이 자유롭게 살 수 있는 나라를 만들겠다던 링컨의 목표가 이루어졌지요. 1862년 7월, '노예 해방 법안'이 국회에서 처리되어 미국은 더 이상 법적으로 노예가 존재하지 않는 나라가 된 거예요.

　이렇듯 링컨은 어려운 가정 형편 속에서 성장했지만, 마음속에는 늘 훌륭한 사람이 되어 모든 사람이 평화롭게 살 수 있는 세상을 만들겠다는 목표를 품고 있었답니다. 그리고 그 목표를 항상 잊지 않고, 목표를 달성하기 위해 꾸준히 노력을 해 왔지요. 목표를 정하고 그것을 끊임없이 생각하고 노력한다면, 언젠가는 그 목표가 이루어져 현실이 된다는 사실을 링컨은 몸소 보여 주었답니다.

목표를 이룬 사람　**033**

'목표를 이룬 사람'을 읽어 보았나요? 링컨의 이야기에서 가장 인상 깊었던 내용을 떠올리며 링컨에게 편지를 써 보세요.

플러스 tip +

목표를 기억하고 외우기

링컨은 대통령이 되기까지 수많은 어려움을 겪었지만 결코 포기하는 법이 없었습니다. 항상 목표를 마음에 새기고 꾸준히 노력해 나갔지요. 여러분도 링컨처럼 항상 목표를 염두에 두고 실천해 나간다면 꿈을 이룰 수 있을 거예요. 자신의 목표를 아래에 써보고, 항상 잊지 않겠다는 마음으로 목표를 매일 소리 내어 읽어 보는 건 어떨까요?

나의 목표

느림보 거북이의 성공 전략

 달리기를 잘하고 싶어요

　수영이는 달리기를 잘하고 싶답니다. 반 대표 계주 선수로 뽑혀 운동회에서 친구들의 응원을 한몸에 받으며 달리기를 하는 오빠를 보면 항상 부러운 마음이 들었기 때문이지요. 하지만 수영이는 오빠처럼 달리기를 잘하지 못하는 것 같아 속상하기만 합니다.

　그래서 수영이는 달리기 연습을 하기로 했어요. 아침에 조금 더 일찍 일어나 운동장을 다섯 바퀴씩 뛰기로 한 것이지요. 평소보다 일찍 일어나는 것은 힘든 일이었지만, 수영이는 자신의 달리기 실력이 향상될 것을 생각하며 게으름을 이겨 내고 열심히 연습을 했답니다. 그렇게 달리기 연습을 한 지 3일이 지나고 수영이는 자신의 기록을 다시 재 보았어요. 그런데 이게 어찌된 일일까요. 수영이의 기록은 연습을 시작하기 전과 다를 바가 없었

지요. 수영이는 무척이나 실망했어요. 아무리 노력해도 자신은 달리기를 잘할 수 없을 것만 같아 눈물이 나올 것 같았지요.

원하는 결과를 얻지 못했다고요?

혹시 여러분도 수영이처럼 노력한 일이 잘 되지 않아 속상했던 적이 있나요? 열심히 했는데 결과는 내 기대와 달라서 실망했던 적 말이에요. 그럴 때 어떤 마음이 들었는지 한번 떠올려 보세요. 사람들은 이런 경우 '나는 안 되나 봐.'라고 생각하며 포기해 버리는 경우가 많답니다.

하지만 그냥 포기해 버린다면 우리는 영영 목표를 이룰 수 없게 된답니다. 그러므로 무엇 때문에 실패했는지 원인을 찾고, 그 원인을 수정하여 다시 한 번 도전하는 자세가 필요하지요. 그렇다면 수영이의 달리기 실력이 왜 향상되지 않았는지 함께 생각해 볼까요? 수영이는 달리기를 잘해서 계주 선수가 되길 진심으로 바랐어요. 즉, 수영이의 마음만큼은 정말로 절실했지요.

하지만 꿈을 이루기 위해서는 마음만이 아니라 다른 무엇인가가 더 필요하답니다. 그것은 바로 목표를 정한 다음 이를 달성하기 위한 노력을 꾸준히, 그리고 오랜 기간 실천하는 것이랍니다. 우리가 원하는 모습으로 우리를 바꾸기 위해서는 상당히 많은 시간이 필요해요. 변화란 그리 쉽게 오는 것이 아니기 때문이지요. 그러므로 조바심을 가지지 않고,

조금씩 발전해 나가는 내 모습을 지켜볼 필요가 있어요.

이제 여러분은 수영이가 잘못 생각했던 것이 무엇인지 알 수 있겠지요? 수영이는 고작 3일을 뛰고는 결과가 기대만큼 나오지 않아 실망했던 거예요. 아마도 수영이가 한 달 정도 연습을 계속했다면 향상된 실력을 확인할 수 있었을 텐데 말이지요.

 꾸준히 노력합시다!

수영이의 이야기에서 알 수 있듯이 목표를 이루기 위해 중요한 것은 마음가짐뿐만이 아니랍니다. 물론 기대와 희망을 가지는 것은 목표를 이루기 위한 출발점이에요. 이러한 마음이 없다면 우리는 아무것도 이룰 수가 없지요. 하지만 마음만으로는 목표를 달성할 수 없답니다. 계획을 세워서 실천해야 하고, 또 무엇보다 이러한 실천이 오랜 시간 꾸준히 이루어져야 하지요. 수영이처럼 3일을 뛰다 포기하는 것이 아니라 한 달, 6개월, 1년 그리고 평생 꿈을 이룰 때까지 노력하는 자세가 중요한 것이랍니다.

아마도 당장은 눈에 띄는 성과가 없을 수도 있어요. 혹은 도중에 자꾸만 실패를 맛보아야 할 수도 있지요. 하지만 실패는 성공으로 가는 과정 중의 일부일 뿐이라는 사실을 절대 잊지 마세요. 자신에 대한 믿음을 가지고 꾸준히 나아가다 보면 어느새 목표를 달성한 자기를 만날 수 있게 될 거랍니다.

Question
스스로 생각해 보아요!

우리는 일상에서 수영이처럼 조금 노력하다가 잘 안 되면 금세 포기해 버리는 경우가 많지요. 여러분의 경우는 어떤가요? 수영이와 비슷한 경험이 있다면 적어 보고 무엇이 아쉬웠는지, 어떻게 하면 목표를 달성할 수 있을지 생각해 보아요.

플러스 tip +

꿈을 이룬 위인 찾아보기

꾸준히 노력해서 결국 꿈을 이룬 위인에는 누가 있을까요? 인터넷이나 도서관에서 자료를 찾아보고 아래 빈칸에 적어 보세요.

1	**워렌 버핏(Warren Buffett)** 세계 1위의 부자 워렌 버핏이 성공할 수 있었던 이유는 무엇일까요? 그는 자신의 성공 비결에 대해 이렇게 말합니다. "나는 아침에 일어나 사무실에 나가자마자 책을 읽기 시작합니다. 집으로 돌아올 때에도 항상 읽을거리를 싸 가지고 옵니다." 워렌 버핏의 성공 비결, 눈치 채셨나요? 바로 자신이 관심 있는 분야의 책을 꾸준히 읽고 공부한 것입니다. 이렇게 많은 양의 독서를 통해 워렌 버핏은 사고력과 통찰력을 기를 수 있었답니다.
2	

느림보 거북이의 성공 전략

꿈을 이루는 성공 습관

 오프라 윈프리의 성공 습관

여러분, 혹시 오프라 윈프리를 알고 있나요? 오프라 윈프리는 〈오프라 윈프리 쇼〉라는 미국 최고의 TV 토크 쇼 프로그램의 진행자였어요. 이 토크 쇼는 모르는 사람이 거의 없을 정도로 사회적으로 무척이나 인기 있는 프로그램이었지요. 또한 오프라 윈프리는 미국의 대표적인 시사 잡지인 《타임지》가 선정한 가장 영향력 있는 인물 100인 중 한 명으로 뽑히기도 했답니다.

이렇게 미국에서 최고의 인기와 명성을 얻고 있는 오프라 윈프리. 그녀는 어떻게 해서 이 같은 성공을 얻을 수 있었던 걸까요?

오프라 윈프리에 대해 자세히 모른다면, 그냥 그녀가 태어날 때부터 돈, 재능, 인기 등을 가지고 태어났다고 생각할 수도 있어요. 하지만 그녀가 겪어 온 삶의 모습을 살펴보면 이러한 생각과는 정반대라는 사실을 알 수 있지요. 사실 그녀는 지금의 자리에 오기까지 무수히 많은 시련을 겪어야 했답니다. 부모님의 사랑과 관심을 많이 받지 못한 채 자랐고, 여러 가지 사건과 사고들로 행복하지 못한 청소년기를 보냈지요. 하지만 이러한 수많은 시련에도 불구하고, 그녀는 지금 미국에서 손꼽히

오프라 윈프리(Oprah Winfrey, 1954~)

는 부자이자 자선가가 되었답니다.

그렇다면 그녀에게 무슨 비법이나 비밀이 있었던 걸까요? 수많은 시련을 극복하고 그녀가 결국 성공할 수 있었던 이유는, 바로 '성공 습관'이라고 불리는 그녀가 스스로와 한 약속들이 있었기 때문이랍니다. 오프라 윈프리는 자신의 꿈을 이루는 데 도움이 될 만한 것들을 매일매일 실천하며 습관처럼 만들었어요. 그래서 조금씩 자기를 발전시켜 나갈 수 있었지요. 그녀의 성공 습관 중 몇 가지를 소개하면 다음과 같아요.

- 일찍 자고 일찍 일어난다.
- 사람 사이의 믿음을 중요시한다.

- 아낌없이 베푼다.
- 틀에 얽매여 생각하지 않는다.
- 소리 내어 크게 웃는다.
- 열성적으로 책을 읽는다.
- '혼자'보다 '함께'의 힘을 믿는다.
- 언제나 긍정적인 단어를 사용한다.
- 좋은 친구의 가치를 안다.
- 매일 운동한다.
- 타인의 말을 귀 기울여 듣는다.
- 하루 계획표를 작성한다.

 나만의 성공 습관 만들기

오프라 윈프리의 성공 습관을 보니, 여러분도 나만의 성공 습관을 가지고 싶다는 생각이 들지 않나요? 그렇다면 이렇게 좋은 성공 습관을 어떻게 하면 내 것으로 만들 수 있을지 궁금하지요? 다음의 방법들이 도움을 줄 수 있을 거예요.

1. 자신의 것으로 만들고 싶은 성공 습관 선택하기

자신의 꿈을 이루는 데 도움이 되는 성공 습관이 무엇인지 생각해 보세요. 자신의 꿈과 목표를 다시금 떠올리며, 이를 이루기 위해 어떠한 노력이 필요한지 생각해 보는 거예요. 이러한 성공 습관들은 오프라 윈프리의 성공 습관과 비슷할 수도 있고, 아니면 완전히 다를 수도 있어요. 여러분이 바라는 미래의 꿈과 목표를 이루는 데 도움이 되는 것이라면 어떤 것이든 좋답니다.

2. 습관화하기 위한 계획 세우기

새로운 습관을 몸에 익히려면 당연히 시간이 걸린답니다. 처음부터 익숙하게 자연스러운 습관은 거의 없지요. 따라서 항상 꾸준한 연습이나 반복이 필요하답니다. 새로운 행동을 자신의 습관으로 만드는 데에는 일주일이 걸릴 수도, 한 달이 걸릴 수도 있어요. 하지만 하루도 빠짐없이 끊임없이 노력한다면, 언젠가는 새로운 행동이 자신의 습관이 되어 무척 자연스러운 시기가 올 거예요.

3. 주변 사람들에게 이야기하기

자신의 결심을 여러 사람에게 알려 보세요. 습관을 만드는 가장 좋은 방법은 일단 자신의 결심을 다른 사람에게 알리는 것이랍니다. 무엇을 위한 성공 습관인지, 그리고 그 습관을 만들기 위해 나는 어떠한 노력을 할 것인지 주변 사람들에게 이야기하는 거예요. 다른 사람들은 이런 여러분을 응원하고 격려해 줄 수 있어요. 그리고 이는 습관을 만드는 힘든 과정을 이겨나가는 데 많은 도움이 되지요.

4. 성공 습관을 가진 자신의 모습 그려 보기

습관을 만드는 과정은 결코 쉽지 않아요. 포기하고 싶을 때도 있고, '오늘 하루만~'이라는 생각에 게으름을 부리고 싶을 때도 있을 거예요. 이럴 땐 성공 습관을 가진 자신의 모습을 상상해 보세요. 그 성공 습관을 가짐으로써 무엇을 얻게 되는지도 같이 기억해 보세요. 성공 습관을 자신의 것으로 만든 모습을 상상해 보면, 습관을 만들기 위해 노력하는 일이 오히려 즐겁게 느껴질 거예요.

5. 스스로 격려하기

자신을 칭찬해 주세요. 성공 습관을 만들기 위해서 꾸준히 노력하는 자신의 모습이 대단하다는 것을 인정해 주는 것입니다. 그리고 스스로에게 상을 주는 거예요. 자신을 격려하거나 상을 주는 방법은 다양합니다. "넌 정말 잘하고 있어."라고 스스로에게 말해 주는 것도 좋은 방법이 될 수 있지요.

성공 습관을 만드는 방법들을 자세히 살펴보았나요? 이제 우리는 이것을 실천할 시간이에요. 자신의 꿈을 이루는 데 도움이 되는 성공 습관이 무엇인지, 특히 내 것으로 하고 싶은 성공 습관이 있는지 고민해 보는 것부터 시작하는 거예요. 시작이 반이라는 말이 있잖아요. 새로운 습관을 만드는 것이 쉽지 않은 일이지만, 일단 시작하면 분명히 성공 습관을 여러분의 것으로 만들 수 있을 거예요.

Question
스스로 생각해 보아요!

'꿈을 이루는 성공 습관'을 읽고 어떤 생각이 들었나요? 여러분의 느낌을 적어 보세요. 또한 글을 읽으면서 새롭게 알게 된 사실을 적어 보아도 좋아요.

플러스 tip +

목표를 이루기 위한 좋은 습관 만들기

오프라 윈프리의 성공 습관 외에 꿈을 이루기 위한 성공 습관에는 무엇이 있을지 적어 보세요.

꿈을 이루는 성공 습관

- 기분 좋게 하루를 시작하기
- 할 일을 미루지 않기
- 일기를 매일 쓰기
-
-
-
-
-

앞에 적은 성공 습관 중 지금 당장 시작하고 싶은 습관은 무엇인가요? 그리고 그 습관을 자신의 것으로 만들기 위해 어떻게 할 것인지도 함께 적어 보세요.

1	아침에 일찍 일어나 간단히 스트레칭을 한다.
2	
3	
4	

희망 명함 만들기

 **나는 꿈을 이룰 수 없을 것 같아요**

　의사가 되는 것이 꿈인 민지는 요즘 기분이 좋지 않아요. 친구들이 민지에게 "의사는 아무나 하니? 얼마나 공부를 잘해야 하는데."라고 말했기 때문이지요. 처음 이 말을 들었을 때 민지는 화가 났어요. 자신도 열심히 노력하면 의사가 될 수 있는데, 단지 지금 공부를 그리 잘하지 않는다는 이유만으로 의사가 될 수 없다고 말하는 친구들이 얄미웠지요. 하지만 시간이 지날수록 민지는 친구들의 말이 맞을지도 모르겠다는 생각이 들기 시작했어요. 생각보다 성적을 올리는 일이 쉽지 않았기 때문이지요. 꾸준히 노력하면 의사가 될 수 있다고 생각했는데, 이제 민지는 아무런 기대도 생기지 않고 자신감도 없어졌어요.

 **희망과 자신감 찾기**

　여러분은 민지의 마음에 공감이 가나요? 혹시 여러분도 자신이 바라는 꿈을 이룰 수 있으리라는 확신이 부족해 망설였던 경험이 있나요? 주

위 사람들로부터 꿈을 이루기 어려울 것이라는 말을 듣고, 자신의 실력이나 환경이 꿈을 이루기에 부족한 것처럼 느껴질 경우 우리는 쉽게 희망을 잃고 포기하게 되지요.

그러나 희망과 자신감은 무엇이든 가능케 한다는 사실을 잊지 마세요. 아무리 힘들고 어려운 상황에 있다고 해도 희망과 자신감은 이러한 고난을 이겨 낼 수 있는 힘이 되어 준답니다. 자신의 소망을 이룰 수 있다는 희망, 그리고 이루어 낼 수 있다는 자신감은 분명히 우리를 우리가 꿈꾸는 그 자리에 가 있는 사람으로 만들어 줄 거예요.

 ## 희망 명함을 만들어 보아요

꿈을 이룰 수 있다는 자신감이 흔들릴 때에는 스스로에게 희망을 심어 주는 것이 중요해요. 그 방법 중 하나가 바로 희망 명함이랍니다. 희망 명함이 무엇인지 알아보기 전에 먼저 보통 명함은 어떤 것인지 이야기해 볼까요? 명함에는 어떤 내용이 들어가나요? 부모님이나 주위 어른들의 명함을 떠올려 보세요. 아마 대부분의 명함에는 공통적으로 이름, 직장과 직함, 전화번호나 주소, 간단한 소개가 들어갈 거예요.

예컨대, ○○ 대학교에 교수직을 맡고 있는 최○○ 씨의 명함은 이렇게 생겼겠죠?

```
○○대학교
        ○○대학 ○○학과 교수
                    최○○

전화번호 : ○○-○○○○-○○○○
주소 : 서울시 ○○구 ○○동 ○○아파트 ○동 ○호
이메일 : ○○○○@○○○○.com
```

희망 명함도 이와 크게 다르지 않아요. 다만 현재가 아닌, 미래의 자신의 모습을 담아 명함을 만든다는 것이 차이가 날 뿐이죠.

"왜 이런 명함을 만들어요? 어차피 지금 사용할 수도 없는데요?"라고 묻고 싶은 친구들도 있을 거예요. 그러나 희망 명함을 만든다는 것은, 이미 꿈을 이룬 자신의 모습을 상상해 본다는 것과 같아요. 자신의 꿈을 구체적으로 생생하게 그려 볼수록 신기하게도 희망과 자신감이 쑥쑥 자라난답니다.

 미래의 내 모습 꿈꾸기

희망 명함을 만들기 위해 지금부터 자신이 이루고 싶은 꿈이 무엇인지 생각해 보세요. 그리고 그 꿈을 이룬 미래의 모습을 함께 상상해 봅시다. 상상은 구체적일수록 좋아요. 예컨대, 민지의 경우 막연히 의사가

되겠다는 것이 아니라 몇 살쯤에 의사가 되어 어느 병원 무슨 과에서 진료할지도 생각해 보는 거예요. 그리고 그 병원은 어느 지역에 있고, 진료할 때 어떤 사람을 만나 어떤 대화를 하게 될지도 그려 보는 것이지요. 꿈을 이룬 모습을 상상해 보는 것만으로도 신이 날 것입니다.

　이처럼 꿈은 생생하게 상상해 볼수록 그 꿈을 이루기 위한 희망과 자신감이 커진답니다. 주위 사람들이 다들 어렵다고 말한다면, 혹은 자신의 여건이 꿈을 이루기에는 부족하다고 느낀다면 희망 명함을 만들어 보세요. 그럼 아마 잃었던 자신감이 다시 솟아남을 느낄 수 있을 거예요.

○○대학병원

소아과 의사
민지

전화번호 : ○○-○○○○-○○○○
주소 : 서울시 ○○구 ○○동 ○○아파트 ○동 ○호
이메일 : ○○○○@○○○○.com

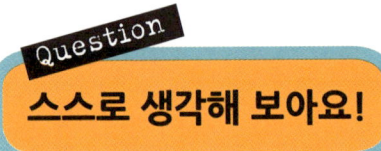

스스로 생각해 보아요!

10년 후, 혹은 20년 후에 이루고 싶은 꿈이 무엇인가요? 아래 빈칸에 세 가지 이상 적어 보세요.

	나의 꿈은 …
1	
2	
3	
4	

플러스 tip +

앞에서 적은 자신의 꿈 중 가장 이루고 싶은 것은 무엇인가요? 그리고 그 꿈을 이룬 날의 나의 모습을 가능한 한 구체적으로 상상해서 아래 빈 칸에 적어 보세요.

OO년 후 나의 모습은……

자, 이제 위에 적은 그 날의 자신이 사용하고 있을 명함을 그려 봅시다. 자신의 이름, 직함, 일하는 곳 등 꿈이 이루어진 내용을 담아 명함을 만들어 보세요.

OO년 후 나의 명함은……

비전 영역 마무리하기

1. 내가 생각하는 비전 있는 삶이란?

여러분은 지금까지 비전에 대해 생각해 보았어요. 각각의 글을 읽고 그에 대해 답하고 적용해 보면서, 비전 있는 삶이란 무엇인지 알 수 있었을 거예요. 이제 내가 앞으로 비전 있는 삶을 산다면 어떤 모습일지 상상하여 아래 빈 칸에 적어 보세요. 가능한 한 구체적인 상황을 떠올려 자신의 모습을 묘사해 보세요.

_____
_____
_____
_____
_____
_____
_____
_____

2. 나는 비전에 대해 무엇을 배웠나요?

1) 비전에 대해 공부하면서 나의 생각이나 행동에서 달라진 부분이 있나요? 아래 항목을 체크해 본 후, 나의 변화된 모습을 살펴보아요.

확인해 봅시다	예/아니요
1. 나의 꿈과 목표를 찾았나요?	
2. 목표를 생생하고 구체적으로 설정해 보았나요?	
3. 스스로 목표를 달성할 만한 잠재력이 충분하다고 믿나요?	
4. 목표 달성을 위해 효과적인 시간 관리, 자원 관리 계획을 수립해 보았나요?	
5. 꾸준한 노력을 위한 자기 조절 방법은 파악하였나요?	

2) 위에서 확인한 항목 중 아직 변하지는 못했지만 좋아지고 싶은 항목은 무엇인가요? 그리고 어떻게 하면 좋아질 수 있을까요?

좋아지고 싶은 항목: _____

실천 계획

① _____
② _____
③ _____

Part 2
문화지능

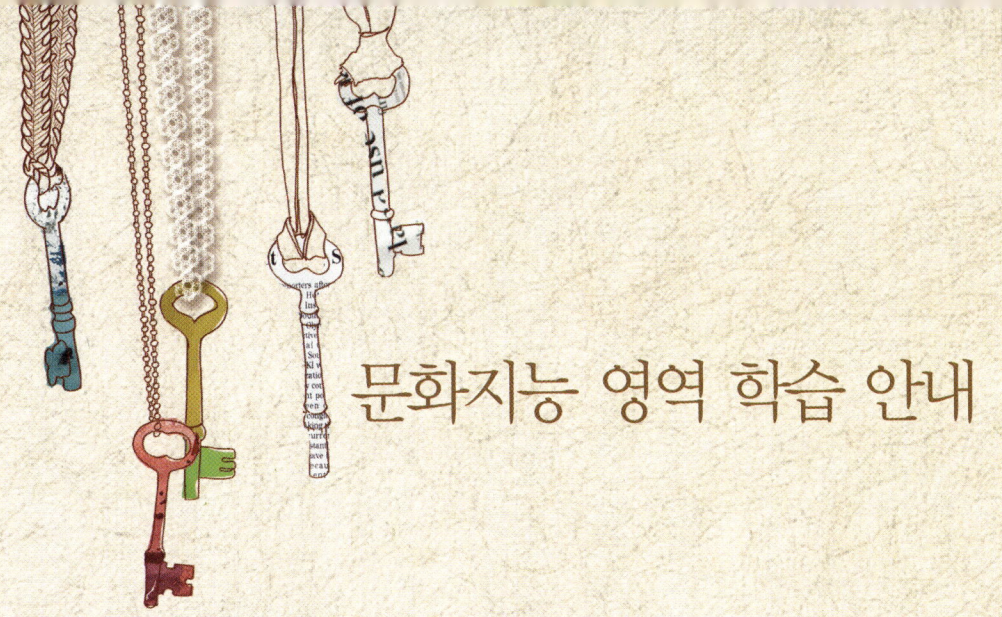

문화지능 영역 학습 안내

1. 문화지능 영역 학습 내용

여러분이 앞으로 살아갈 세상은 글로벌 시대라고 할 수 있어요. 글로벌 시대란 세계 여러 나라가 마치 친한 친구가 된 것처럼 가까이에서 서로 영향을 주고받는 세상을 말해요. 비행기나 인터넷이 없던 시절에는 멀리 떨어진 나라와 교류하기가 쉽지 않았어요. 하지만 교통과 통신이 발달함에 따라 세계 여러 나라는 이전보다 훨씬 더 쉽고 빠르게 교류할 수 있게 되었지요. 그래서 글로벌 시대에는 세계 각 나라가 가까운 이웃, 친구가 된답니다.

이러한 글로벌 시대를 이끌어 가는 사람들이 바로 글로벌 리더지요. 글로벌 리더는 세계 여러 나라와 경쟁도 하고 협력도 하면서 모두가 잘 사는 지구촌을 만들기 위해 노력하는 사람들을 뜻해요.

그렇다면 글로벌 리더가 되기 위해서는 어떤 능력을 갖추어야 할까요? 글로벌 시대는 세계 여러 나라가 화합하는 시대예요. 코가 크고 피부가 흰 서양인, 곱슬머리에 검은 피부를 한 아프리카인을 비롯하여 세계 각국의 사람들이 함께 모여 서로 겨루기도 하고, 하나의 목표를 향해 나아가기도 하지요. 이렇게 세계 각국의 사람들이 모였을 때 가장 크게 차이가 나는 것은 문화랍니다. 젓가락을 쓰는 동양인과 달리, 서양인은 포크를 쓰는 것에서도 알 수 있듯 사람들은 자기가 속한 문화에 따라 사고방식이나 생활방식이 다르답니다. 따라서 문화적으로 다양한 사람들과 함께 어울리는 능력이 글로벌 리더에게는 가장 중요한 능력이라고 할 수 있어요. 이렇게 다양한 문화를 이해하고 포용할 수 있는 능력을 문화지능이라고 부른답니다.

그렇다면 문화지능이 높은 사람들은 어떤 사람들일까요? 문화지능이 높은 사람들은 다양한 문화적 환경에서 당황하지 않고 갈등 없이 잘 어울리지요. 그들은 세계 각국의 고유한 관습, 역사와 예술 등에 대해 관심이 무척 많아요. 한 나라의 관습이나 역사, 예술을 살펴보면 그 나라에 대해 이해할 수 있는 많은 단서를 발견할 수 있기 때문이지요. 그렇다고 해서 무조건 다른 나라에만 관심을 기울이는 것은 아니라는 사실을 꼭 기억해 두세요. 문화지능이 높은 사람들은 기본적으로 자신의 문화에 대한 지식과 자부심을 가지고 있어요. 다른 나라를 이해하기 위해서는 자기 나라를 먼저 이해하는 것이 필수이기 때문이지요. 이처럼 자기 나라에 대한 이해와 자부심이 바탕이 되어야 다른 문화를 바르게 받아들이는 능력을 기를 수 있답니다.

이렇듯 문화지능은 새롭고 익숙하지 않은 문화적 환경에 성공적으로 적응하는 데 도움을 주는 능력이랍니다. 그리고 서로 다른 세계관을 가진 사람들과 효과적으로 의사소통을 하는 데 도움이 되지요. 따라서 미래의 글로벌 리더로 성장할 여러분에게 문화지능을 기르는 일은 필수적이라고 할 수 있답니다.

이제부터 우리는 글로벌 리더가 되기 위해 필요한 지식과 태도를 갖추고 자신감을 기르기 위해 몇 가지 활동을 해볼 거예요. 이 책에 나온 내용을 읽고 활동해 보면, 여러분은 글로벌 리더로서 지녀야 할 문화지능을 기를 수 있을 거예요. 하지만 항상 기억해야 할 것은 책을 한 번 읽는다고 해서 이러한 능력이 한꺼번에 길러지지 않는다는 사실이에요. 무엇보다 중요한 것은 일상에서 이를 꾸준히 실천하고, 평소에도 계속해서 다른 문화를 이해하려는 태도, 그리고 세계적인 관점에서 사고하는 습관을 길러야 한다는 사실을 잊지 마세요!

2. 문화지능 영역 읽어 내는 방법

1) **각 장에 제시된 글을 읽어요.** 읽을 때는 현재 자신의 모습과 비교하면서 읽어 보세요. 또한 자신이 몰랐던 사실이나 내용이 무엇이 있었는지 생각하면서 읽는 것이 좋아요.

2) **글 마지막에 제시되어 있는 질문에 답해 보아요.** 질문은 여러분이 앞에 제시한 글을 잘 이해했는지 확인하기 위한 것이에요. 혹시 질문에 답하기 어렵다면 글을 다시 한 번 읽어 보세요.

3) **플러스 tip에 제시되어 있는 내용을 확인해 보아요.** 플러스 tip은 앞에서 제시한 글과 관련이 있는 활동이나 읽을거리, 혹은 주제에 대한 좀 더 발전된 질문 등으로 다양하게 구성되어 있어요. 혼자서 하기 어렵다거나 이해가 되지 않을 때는 부모님이나 선생님에게 도움을 요청해도 좋아요.

문화적 차이를 알아보자!

우리는 지금 세계인들이 모두 어울려 사는 글로벌 시대에 살고 있어요. 그래서 예전과 다르게 주변에서 많은 외국인을 만날 수 있게 되었지요. 관광을 위해 잠시 한국에 머무는 외국인도 많지만 한국에 정착하여 계속 살아가는 외국인도 많답니다. 이제 더 이상 외국인은 다른 나라에서 온 우리와 다른 사람들이 아니라, 우리와 함께 더불어 살아가는 이웃이 된 것이지요. 외국 사람들과 잘 어울려 생활하기 위해서는 그들의 생활과 문화를 이해하는 것이 큰 힘이 된답니다. 그렇다면 외국의 언어와 문화를 아는 것이 왜 중요한지 슬기의 이야기를 통해 알아볼까요?

슬기 어머니는 동네에서 작은 꽃가게를 하고 계신답니다. 장미나 국화 같은 꽃들도 팔고, 화분이나 흙, 화초들도 파는 가게지요. 특히 화초를 가꾸는 것을 좋아하는 슬기 어머니는 동네 사람들에게 화초를 잘 가꾸는 방법에 대해 항상 친절하게 설명해 주셔서 슬기네 꽃가게는 무척이나 인기가 많답니다.

어느 날, 슬기가 잠시 은행에 가신 어머니를 대신해서 가게를 보고 있었답니다. 그런데 한국말을 잘 못하는 외국인이 화분을 하나 들고 슬기네 꽃가게에 찾아왔지요. 화분 속의 화초는 슬기가 보기에도 시들시들했어요. 슬기는 그 외국인과 말이 잘 통하지는 않았지만, 화초를 살리고 싶어 한다는 것을 짐작으로 알 수 있었지요. 그래서 화초가 좀 더 잘 살 수 있도록 도와주는 비료를 추천해 주었어요. 하지만 비료를 받아 든 외국인은 영문을 모르겠다는 듯이 고개를 갸우뚱거렸지요. 슬기는 어떻게든 설명을 해 주고 싶어 다음과 같이 그림을 그려서 그 외국인에게 보여 주었답니다.

하지만 그림을 본 외국인은 황당한 표정을 지으며 집었던 비료를 놓고 황급히 가게를 나섰답니다. 이를 본 슬기 또한 도대체 어찌된 영문인지 몰라 당황스러웠고, 자신이 그림까지 그려 주었는데 그냥 나가 버려서 살짝 기분이 상하기도 했어요.

은행에 가셨던 어머니가 돌아오셨고, 슬기는 바로 어머니에게 그 외국인의 생김새를 묘사하며 방금 전에 있었던 일을 설명했어요. 슬기의 이야기를 들은 어머니는 슬기가 그린 그림을 보고서는 그제야 알겠다는 표정을 지으셨지요.

"슬기야, 아까 전에 왔던 그 사람은 아마 중동에서 온 카림이라는 친구였던 것 같구나. 가끔씩 우리 가게에 와서 화초를 사 가곤 하지. 아마도 네가 그린 그림을 본 카림은 깜짝 놀랄 수밖에 없었을 거야. 중동 사람들은 글을 읽을 때 오른쪽부터 읽거든.

그러니 카림은 화초에 비료를 주면 오히려 화초가 더 시든다는 뜻으로 생각한 거지."

 문화의 차이를 알고, 이를 존중하는 마음이 필요해요

어머니의 설명을 듣고 슬기는 그 외국인의 행동을 이해할 수 있었을 거예요. 슬기가 중동 사람들의 특성을 영영 알지 못했다면, 어쩌면 계속 그 외국인에 대해 오해를 했을지도 모르는 일이지요. 이처럼 글로벌 시대에는 외국 사람들의 생활과 문화를 이해하는 것이 무척이나 중요하답니다.

하지만 다른 나라 사람들을 이해하고, 그들과 함께 어우러져 살아가는 일이 자칫 무척 어렵다고 생각할 수도 있어요. 현실적으로 전 세계의 다양한 언어를 한꺼번에 다 배울 수도 없고, 나라에 따라 각양각색인 문화를 한꺼번에 이해하기도 힘든 일이니까요. 그러나 여기에서 중요한 것은 그 나라의 언어에 대해, 그 나라의 문화에 대해 얼마나 많이 알고 있는가가 아니랍니다.

그보다 더 중요한 것은 바로 다양한 문화권의 사람들을 이해하고 배려하려는 마음이에요. 나와는 다르다고 해서 그 사람들을 싫어하거나 이상하다고 생각하지 않고, 그들 고유의 문화를 존중하고 인정하는 자세가 필요한 것이지요.

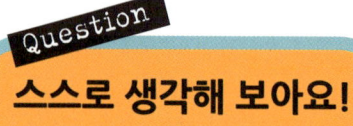

스스로 생각해 보아요!

'문화적 차이를 알아보자!'를 읽어 보았나요? 이 글을 읽으면서 가장 인상 깊었던 내용은 무엇이었나요? 혹은 글을 읽은 후에 생각이 바뀐 것이 있다면 아래 빈칸에 적어 보세요.

플러스 tip +

먼저, 다른 나라의 문화와 생활을 알고자 하고 존중하는 마음을 가지면 사람들을 더 잘 이해할 수 있게 되고 함께 어울려 행복한 생활을 할 수 있답니다. 내가 알고 싶은 나라와 그 나라의 문화적 특징에 대해 조사해 보도록 해요.

국가: _____

문화의 특징: _____

_____

_____

_____

_____

_____

_____

_____

_____

_____

인류의 유산이 된 프랑스 음식 문화

2010년 11월, 프랑스의 음식 문화가 유네스코 세계무형유산으로 등재되었답니다. 음식 문화가 세계무형유산이 되었다니 다소 신기한 마음도 들지요? 세계무형유산은 문화적 다양성과 창의성을 유지하고, 사라질 위험에 처해 있는 소중한 무형 문화를 선정하여 보호하기 위해 만들었답니다. 참고로 우리나라의 경우에는 판소리, 강강술래 등이 바로 이 세계무형유산에 등재되어 있지요.

판소리, 강강술래처럼 프랑스의 음식 문화도 그 독특성과 가치를 인정받아 무형유산이 된 것이랍니다. 그럼 지금부터 프랑스의 음식 문화에 대해 조금 더 자세하게 알아볼까요?

 먹는 것을 즐기는 프랑스 사람들

여러분이 한 끼 식사를 하는 데는 보통 어느 정도의 시간이 걸리나요? 어디에서 무엇을 먹느냐에 따라 다르겠지만, 우리나라의 경우 대개 30분에서 한 시간 정도면 한 끼 식사를 하기에 충분한 시간이지요.

그런데 프랑스의 음식 문화는 우리나라와 많이 다르답니다. 프랑스의

경우, 우리나라에 비해 식사 시간이 길고 음식의 종류도 많은 것이 특징이지요. 특히 프랑스의 저녁 식사는 긴 시간으로 유명한데, 주말 저녁의 경우에는 4~5시간 정도가 걸린다고 해요. 그렇다면 프랑스 사람들은 이렇게 긴 시간 쉬지 않고 밥을 먹는 것일까요? 프랑스 사람들에게 밥을 먹는다는 것은 단지 '먹는다'는 행위 이상의 의미가 있답니다. 배고픔을 채우고 에너지를 충전하는 목적으로만 식사를 하는 것이 아니라는 거예요.

사실, 프랑스 사람들에게 식사는 중요한 사회적 활동이며, 다른 사람들과 친근감과 연대감을 형성하는 기능을 한답니다. 유네스코에서 프랑스의 음식 문화를 세계무형유산으로 지정한 이유도 바로 여기에 있지요. 식사를 단순히 배고픔을 채우기 위한 활동으로 보는 것이 아니라, 다른 사람들과 얼굴을 맞대고 이야기를 나누는 즐거운 활동으로 보는 프랑스식 음식 문화야말로 인류가 가꾸고 지켜 나가야 할 중요한 유산이라고 본 것이지요.

프랑스식 코스 요리

우리나라의 경우 보통 식사를 하면 밥, 국, 반찬을 한 상에 다 놓고 먹습니다. 하지만 프랑스식 식사는 다르답니다. 프랑스에서 식사를 하면 기본적으로 대략 5~6단계에 걸쳐 음식이 제공되지요. 보통 '아페리티프(식전에 간단히 술 또는 음료와 함께 먹는 음식) → 전채 요리(한두 가

지)→메인 요리(생선이나 육류)→치즈와 샐러드→디저트→식후주→커피로 구성됩니다. 최고급 레스토랑의 경우에는 20여 가지의 코스로 구성된 곳도 있다고 하니 정말 식사 시간이 오래 걸릴 만하지요? 하지만 앞서 말했듯이 프랑스 사람들은 이 시간에 단순히 먹기만 하는 것은 아니랍니다. 이렇게 코스로 요리가 제공되기 때문에 사람들은 더욱 여유롭게 음식을 즐기면서 다른 사람들과 이야기를 나누고 교류할 수 있는 것이겠지요.

프랑스 식사 예절

프랑스의 음식 문화는 우리의 전통적인 음식 문화와 다른 점이 참

많지요? 그렇다면 식사 예절은 어떨까요? 우리나라와 달리 프랑스에서는 숟가락과 젓가락 대신 포크와 나이프를 쓰고, 국 대신 스프를 먹는 등 음식 문화가 다르답니다. 이에 따라 식사 예절에도 차이가 있지요.

우선, 프랑스에서는 스프나 국을 먹을 때 그릇을 자신의 반대쪽으로 기울여서 먹는답니다. 여러분도 국 등이 조금 남아 있을 때 그릇을 기울여 떠먹은 경험이 있을 거예요. 이런 경우 우리나라에서는 보통 그릇을 자기 앞쪽으로 기울이지요. 하지만 프랑스에서는 반대로 자기 반대편으로 기울여서 자기 몸과 먼 쪽에서 스프를 떠먹는답니다.

또한 샐러드를 먹을 때에도 조심해야 할 점이 있어요. 바로 나이프를 사용하지 않는다는 점이에요. 샐러드의 잎사귀나 덩어리가 크다고 해서 이를 나이프로 잘라 먹는 것은 프랑스 식사 예절에 어긋나는 행동이랍니다. 샐러드를 먹을 때에는 포크만 사용하는 것이 일반적이지요.

그 밖에 생선 요리를 먹을 때에도 신경 써야 할 점이 있어요. 우리나라의 경우는 생선의 한쪽을 다 먹고 나면 생선을 뒤집어 먹기도 해요. 하지만 프랑스에서는 생선을 뒤집어 먹는 것은 무례한 행동이랍니다. 한쪽 면을 다 먹은 뒤에는 생선을 뒤집는 것이 아니라 뼈만 살짝 발라낸 뒤 그대로 놓고 먹어야 하지요. 마지막으로 닭고기처럼 뼈가 붙은 고기를 먹을 때 손으로 뼈를 쥐고 먹는 것은 예절에 어긋나며, 반드시 포크를 이용해야 한다는 점도 기억해 두면 좋을 거예요.

Question
스스로 생각해 보아요!

프랑스 음식 문화는 우리의 음식 문화와 어떤 점에서 같거나 다른가요? 공통점과 차이점을 생각한 뒤 아래에 정리해 보세요.

_____
_____
_____
_____
_____
_____
_____

우리나라의 전통 무형 문화 중 유네스코 세계무형유산으로 지정될 만한 것은 어떤 것이 있을까요? 한 가지를 골라 추천한 뒤 그 이유도 적어 보세요.

_____
_____
_____
_____
_____
_____

플러스 tip +

세계의 음식 문화에 관련된 책을 한 권 정도 찾아서 읽고 새롭게 알게 된 사실을 아래에 적어 보세요.

_____
_____
_____
_____
_____
_____
_____
_____
_____
_____
_____
_____
_____
_____

나는 꿈이 있습니다

(······)

나는 오늘 이 순간 여러 가지 고난과 좌절에도 불구하고 나의 친구인 여러분에게 말하려 합니다. 나는 지금 꿈을 갖고 있습니다. 그것은 아메리칸 드림에 깊이 뿌리를 둔 꿈입니다.

나는 꿈이 있습니다.
어느 날 이 나라가 모든 사람은 평등하게 만들어졌다는 것을 명백한 진실로 여기고 그 진실한 신념의 의미를 갖는 날이 오는 꿈입니다.

나는 꿈이 있습니다.
어느 날 조지아의 붉은 언덕 위에 농노의 자식과 농주의 자식들이 함께 형제처럼 식탁에 둘러앉는(살게 되는) 꿈입니다.

나는 꿈이 있습니다.
어느 날 학대와 불공평의 열기에 시달리는 사막 같은 미시시피 주도 자유와 정의의 안식처로 바뀌는 꿈입니다.

나는 꿈이 있습니다.

나의 네 자식들이 이 나라에 살면서 피부색으로 평가받지 않고 인격으로 평가받게 되는 날이 오는 꿈입니다.

(······)

나는 지금 꿈이 있습니다.
어느 날 모든 계곡이 높아지고, 모든 언덕과 산이 낮춰지며, 거친 곳이 평탄해지고, 구부러진 곳이 똑바르게 되고 모든 사람이 그것을 볼 수 있으리라는 꿈을 가지고 있습니다.

(······)

이 글은 마틴 루서 킹 목사의 연설문이에요. "I have a dream(내겐 꿈이 있습니다)."이라는 멋진 말로 기억되는 이 연설문은 지금도 많은 사람의 마음을 울리는 매우 유명한 연설문이지요.

마틴 루서 킹 목사는 미국의 흑인 지도자로, 당시 억압받고 차별받던 흑인들을 위해 인권운동을 펼친 사람이랍니다. 당시 미국 사회는 지금과는 달리 흑인에 대한 차별이 무척이나 심한 시대였

마틴 루서 킹(Martin Luther King Jr., 1929~1968)

답니다. 노예제도는 사라진 지 오래였지만, 흑인은 여전히 백인과 평등한 권리를 누리지 못한 채 살아가고 있었지요.

　버스에 백인이 타면 흑인이 자리를 비켜주어야 함은 물론, 식당이나 가게도 흑인이 갈 수 있는 곳과 백인이 갈 수 있는 곳이 나누어져 있었지요. 그래서 사회 곳곳에서 흑인과 백인이 대립하며 갈등이 깊어진 상황이었어요. 흑인들은 집단적으로 행동하며 백인들에 대한 반발을 드러냈고, 몇몇 백인들은 흑인들에게 무자비한 폭력을 가하기도 했지요.

　하지만 마틴 루서 킹 목사는 이러한 상황에서도 항상 사랑과 공존, 평화를 이야기하며 비폭력적인 방법으로 흑인들의 자유와 권리를 얻기 위해 노력했어요. 그리고 그 공로를 인정받아 1964년에는 노벨 평화상을 수상했지요. 지금도 미국에서는 '마틴 루서 킹의 날'이라는 공휴일을 지정하여 그를 기념하고 있답니다.

 문화의 올바른 이해

　앞서 살펴본 마틴 루서 킹 목사의 이야기에서 알 수 있듯이, 당시 사회는 흑인을 억압하고 무시함은 물론, 백인이 흑인보다 훨씬 뛰어난 존재라는 생각이 강하게 퍼져 있었어요. 따라서 흑인은 백인에게 버스 자리를 양보해야 했고, 흑인이 출입할 수 없는 식당과 옷가게가 있는 것을 당연하게 받아들이기도 했지요.

다행히도, 마틴 루서 킹 목사를 비롯한 여러 사람의 노력으로 현대 사회에는 평등과 존중의 개념이 널리 퍼지게 되었고, 요즈음에는 피부색 때문에 사람을 차별하는 일은 거의 일어나지 않는답니다.

하지만 아직도 간혹 몇몇 사람들은 미국을 비롯한 유럽 문화, 특히 백인들의 문화가 타 문화에 비해 더 좋고 뛰어나다고 생각하기도 합니다. 이러한 생각을 문화절대주의라고 하는데, 특정 집단의 문화가 다른 집단의 문화보다 우월하거나 열등하다고 보는 관점을 말하지요. 이러한 문화절대주의는 '서구 사회는 뛰어나고 합리적이며 발전된 곳'이라고 생각하고 그 밖의 나라들은 이들 나라에 비해 뒤처진다는 생각을 낳기도 한답니다. 이로 인해 선진국이나 백인의 문화를 맹목적으로 추종하고 자기 문화를 부끄럽고 보잘것없다고 생각하는 세계관이 생겨나기도 했지요.

그런데 자신이 속한 문화를 사랑하고 존중하지 않고서는 어떠한 발전도 있을 수 없답니다. 나 자신의 발전뿐만 아니라 사회의 발전, 국가의 발전을 위해서는 내가 속해 있는 문화를 긍정적으로 받아들이는 것이 가장 기본이기 때문이지요.

또한 그 어떤 문화도 다른 문화에 비해 뛰어나거나 부족하다고 할 수 없답니다. 마틴 루서 킹 목사가 흑인과 백인이 다르지 않음을 주장하고, 인종에 따른 차별을 멈추기 위해 노력했던 것에서도 알 수 있듯, 모든 문화는 각기 개성을 가진 평등한 존재이지요. 서구 문화가 동양 문화나 다른 문화보다 우월한 것도, 보편적인 것도 아니랍니다. 또한 백인이 흑인이나 동양인보다 뛰어난 것도 아니지요. 따라서 특정 문화가 조금 더 뛰어나고 올바르며, 반대로 다른 문화는 이에 뒤처진다는 생각은 옳지 않답니다. 우리에게 필요한 것은 '비교'가 아니라 '다름'과 '개성'을 인정하는 자세일 거예요.

여러분 모두 자신이 속한 문화를 제대로 이해하고, 이를 기반으로 하여 다른 문화를 편견 없이, 올바른 시선으로 바라볼 수 있도록 노력해 보아요.

Question
스스로 생각해 보아요!

마틴 루서 킹 목사의 연설을 읽으면서 어떤 생각이 들었나요? 자신이 느낀 점을 중심으로 마틴 루서 킹 목사에게 편지를 써 보세요.

플러스 tip +

마틴 루서 킹의 삶을 다룬 전기를 읽어 보고, 당시 흑인들의 삶은 어떠했는지 적어 보세요. 또한 마틴 루서 킹이 이러한 상황을 바꾸기 위해 무슨 노력을 했는지도 정리해 보세요.

_____
_____
_____
_____
_____
_____
_____
_____
_____
_____

조금 다를 뿐이에요

오늘 이야기를 시작하기 전에, 잠시 여러분의 친한 친구들을 떠올려 보세요. 친구와 나는 무엇이 닮았나요? 혹시 다른 점이 있지는 않나요? 아마도 친구와 나는 닮은 점도 무척 많지만 다른 점도 아주 많다는 것을 알 수 있을 거예요. 여러분이 자신과 다른 친구들을 대할 때 어떻게 하는지를 떠올리며 아래의 글을 읽어 봅시다.

  태원이네 반에 새로운 친구가 전학을 왔어요. 친구의 이름은 상철이인데, 태원이의 옆자리가 비어서 태원이와 짝꿍이 되었지요. 그런데 태원이가 보기에 상철이는 조금 이상해 보였어요. 말하는 투가 조금 어색한 것 같기도 하고, 친구들과 이야기를 할 때 혼자 조용하게 말없이 가만히 있는 경우도 많았거든요.
  태원이는 상철이와 친해지고 싶었지만 쉽게 말을 걸 수가 없었어요. 그래서 며칠 동안은 조심스레 상철이를 살펴보기만 했지요. 그 결과, 상철이는 피부색도, 눈동자의 색깔도 자기와 다르다는 것을 알 수 있었어요. 태원이는 상철이가 아마도 텔레비전이나 책에서 본 적이 있는, 부모님이 외국인인 친구일 거라고 생각했어요.
  태원이는 부모님이 외국인인 상철이가 신기하기도 했지만, 친해지고 싶은 생각도 들었어요. 그래서 용기를 내어 상철이에게 말을 걸었어요.

"야, 너네 부모님 외국인이지?"

하지만 상철이는 들은 체도 하지 않고 대답도 하지 않았지요. 약간 마음이 상한 태원이가 곧 이어 또 질문을 했어요.

"야, 너 왜 너네 부모님 나라에서 안 살고 여기에서 살아?"

상철이는 여전히 아무 말도 하지 않았어요.

"너 한국말 못해? 왜 내 말에 대답을 안 해?"

대답을 하지 않는 상철이가 답답했던 태원이는 다소 목소리를 높여 물었고, 이에 상철이는 화가 난 표정을 지었어요. 그리고 갑자기 얼굴이 붉으락푸르락하고 눈에 이내 눈물이 고이고 말았지요.

상철이의 눈에 고인 눈물을 본 태원이는 당황스러운 마음이 들었어요. 태원이는 그저 상철이와 친해지고 싶어서 말을 건 것뿐인데, 어쩌다가 상황이 이렇게 된 걸까요?

 배려하는 자세를 보여 줍시다

여러분은 상철이의 눈에 왜 눈물이 고였는지 알 것 같나요? 혹은 상철이와 가까워지고 싶은 태원이의 마음이 잘 전해지지 않아 속상한 마

음이 드나요? 태원이는 상철이와 친해지고 싶은 마음에 별 생각 없이 그냥 궁금한 것들을 물었던 것 같아요. 그렇지만 그 질문들이 상철이에게는 불편하게 다가왔던 모양이에요.

통계청 조사에 따르면, 2012년 현재 우리나라에 살고 있는 외국인은 100만 명을 훌쩍 넘는다고 해요. 그중에는 일자리를 찾기 위해 한국으로 온 외국인도 있고, 한국 사람과 결혼하여 한국에 살게 된 외국인도 있는 등 한국에 오게 된 배경은 다양하지요. 하지만 분명한 것은 이제 우리나라도 여러 인종이 모여 사는 다문화 사회에 접어들었다는 사실이에요. 이제 더 이상 대한민국은 '한민족'만 살아가는 공간이 아니라, 여러 나라에서 온 다양한 인종이 함께 어울려 살아가는 공간이 되었다는 점이지요.

그렇게 때문에 우리는 다른 나라에서 온 친구들이나 대한민국에서 태어나긴 했지만 부모님이 외국인인 친구들과도 잘 어울려 지낼 필요가 있어요. 그리고 그들과 친구가 되기 위해서는 그 친구들이 처한 상황을 제대로 이해한 뒤 먼저 배려하는 마음을 가지는 것이 무척이나 중요하지요.

상철이의 예에서 볼 수 있듯이, 외국에서 온 친구들이나 부모님이 외국인인 친구들은 아직 우리의 문화, 그리고 우리말에 익숙하지 않은 경우가 많아요. 그래서 학교생활에 적응하기가 무척이나 어렵지요.

그러므로 이런 친구들이 학교생활에 보다 잘 적응하고, 계속 공부를 해 나갈 수 있도록 우리 친구들이 옆에서 많이 배려해 주고 도와주면 좋겠어요. 이런 친구들을 단지 우리와 '틀린' '이상한' 친구들로 생각해 버리면 그들은 학교생활에 잘 적응할 수 없을 거예요. 하지만 나와 '다른' 점을 가지고 있는 친구로 생각하고, 우리말을 잘 못하더라도 이해해 주고 기다려 주는, 배려하는 자세를 가진다면 그들도 항상 기쁜 마음으로 우리나라에 잘 적응할 수 있을 거예요.

Question
스스로 생각해 보아요!

태원이는 상철이의 상황을 잘 이해하지 못한 채 질문을 던져서 상철이의 마음을 상하게 했어요. 부모님이 외국인이라 우리말이 서툴고 우리 문화도 아직 낯설 수밖에 없는 상철이의 상황을 잘 생각해 본 뒤, 내가 태원이라면 어떤 방식으로 상철이에게 다가갈 수 있을지 써 보세요.

플러스 tip +

우리 주변에 있는 다문화 가정 친구들을 위해 우리가 할 수 있는 일은 무엇이 있을까요? 책이나 인터넷 자료를 참고하여 다문화 가정 친구들이 겪는 어려움을 생각해 보고, 이를 도울 수 있는 방법을 적어 보세요.

_____
_____
_____
_____
_____
_____
_____
_____
_____
_____
_____
_____

알쏭달쏭 문화 차이

 나라마다 차이나는 문화적 풍습

여러분은 외국인의 생활 모습을 본 적이 있나요? 직접 볼 기회는 많지 않겠지만, 아마도 영화나 드라마를 통해 간접적으로 본 경험이 있을 거예요. 이때, 여러분은 어떤 생각을 했나요?

혹시 여러분은 외국인들이 우리와 달리 특이하게 행동한다고 생각한 적도 있나요? 예를 들어, 신발을 신고 방에 들어가는 것처럼 말이에요. 우리나라의 경우, 집에 들어가면 신발을 벗는 것이 일반적이지요. 하지만 외국의 경우, 집 안에서도 신발을 벗지 않는 경우가 많지요. 만약 외국인 친구가 우리 집에 놀러 와서 신발을 벗지 않은 채로 내 방에 들어오려 한다면 어떻게 해야 할까요? 혹은 반대의 경우도 생각해 볼 수 있어요. 만약 여러분이 외국에 가서 그 나라의 문화를 잘 몰라서 할 수 있는 실수들을 줄이려면 어떻게 해야 할까요?

요즘같이 전 세계 어디로든 갈 수 있는 글로벌 시대에는 각 나라의 문화를 이해하고 그 나라에 갔을 때는 그에 맞게 행동할 필요가 있어요. 특히 각 나라의 특별한 문화나 풍습, 특별히 하지 말아야 할 행동 등을 알아두는 것이 꼭 필요하지요.

그럼 지금부터 다른 나라의 특별한 문화에 대해 살펴볼까요?

중국은 어떨까요?

우리나라 사람들은 보통 박쥐를 두려워하지요. 하지만 중국에서는 박쥐가 행운을 전해 주는 동물이랍니다. 그리고 중국의 경우 학이나 거북이를 좋지 않게 생각한다고 해요. 우리나라에서 학이나 거북이를 수명이 길어 복을 가져다 주는 동물로 여기는 것과는 반대지요. 또한 중국 사람들은 자기가 사용하던 젓가락으로 음식을 집어 다른 사람에게 주는 경향이 있답니다. 우리나라에서는 가족이나 친밀한 사이가 아닌 경우에는 좀처럼 이런 행동을 하지 않지요. 하지만 중국 사람들에게는 무척이나 익숙한 행동이랍니다.

멕시코는 어떨까요?

멕시코에는 전통 인디언들이 살고 있답니다. 그중 일부 인디언들은 사진을 찍으면 영혼이 빠져나간다고 생각한다고 해요. 그래서 멕시코에서 사진을 찍을 때는 인디언을 찍지 않도록 특별히 신경을 써야 하지요. 또한 멕시코식 인사법은 우리나라와 많이 다른데, 가볍게 포옹을 한 상태에서 상대방의 볼에 살짝 뺨을 대어 인사를 나눈답니다. 우리나라에서 하는 것처럼 악수로 인사를 하거나 가볍게 고개만 끄덕인다면 멕시코 사람들이 오해를 할 수도 있으니 꼭 기억해 두세요. 멕시코식 인사법을 알아 두면 조금 더 쉽게 멕시코 사람들에게 다가갈 수 있겠지요?

홍콩은 어떨까요?

홍콩 친구에게 선물을 줄 기회가 있다면 반드시 기억해야 할 점이 있어요. 바로 시계를 선물하지 말아야 한다는 거예요. 홍콩에서는 아무리 친한 사이일지라도 시계 선물은 거의 하지 않는답니다. 왜냐하면 홍콩에서 시계는 죽음을 상징하기 때문이죠. 또한 푸른색과 흰색은 사람들이 꺼리는 색상이에요. 바로 이 두 가지 색상이 장례식에 사용되는 색상이기 때문이지요.

태국은 어떨까요?

태국은 불교 문화가 뿌리 깊게 내려 있는 나라예요. 그래서 어느 나라보다도 불상과 승려를 신성시하지요. 승려들의 경우, 여성과의 가벼운 신체적 접촉도 엄격하게 금지되어 있답니다. 그래서 태국에 가면, 여성들은 길을 걷다 승려들과 부딪히지 않도록 미리 비켜 가며 조심해야 하지요. 버스와 같은 대중교통수단을 이용할 때도 여성들은 가능한 한 승려와 멀리 있으려 한답니다.

또한 태국에서는 머리를 무척 신성시해서, 다른 사람의 머리를 절대 만지지 않는 풍습이 있어요. 그러니까 귀여운 친구나 아기를 만났을 때 무심코 머리를 쓰다듬지 않도록 조심해야 하지요.

그리스는 어떨까요?

그리스에서는 고개를 젖히고 위아래로 끄덕이는 행동이 'NO'를 뜻해요. 'YES'를 의미하기 위해 고개를 끄덕이는 우리와 반대죠. 이러한 문화를 미리 알아 두면 그리스 사람들이 고개를 끄덕일 때 의미를 반대로 이해하는 실수를 하지 않겠지요?

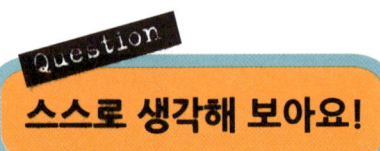

스스로 생각해 보아요!

'알쏭달쏭 문화 차이'에서 우리와 다른 외국의 문화에 대해 알아보았어요. 제시된 것 외에 지금까지 살면서 경험해 온 문화 차이가 있는지 생각해 보고, 아래에 적어 보세요. 생각나는 것이 없다면 주변 친구나 부모님께 물어보면서 이야기를 해 보는 것도 좋아요. 우리의 문화를 이해하지 못한 외국인의 경우나, 외국에 가서 실수한 우리나라 사람들의 경험 어느 것이든 좋습니다.

1 _____

_____

2 _____

_____

3 _____

_____

_____

_____

_____

_____

_____

_____

_____

플러스 tip +

앞에 제시된 나라 외에도 세계에는 다양한 문화와 풍습을 가진 나라가 많답니다. 각 나라의 문화에 관련된 책을 찾아 읽은 뒤, 한 나라를 정해 그 나라의 문화와 풍습을 소개해 보세요.

외국인 거리 탐방

여러분은 외국인을 만난 적이 있나요? 만난 사람은 주로 어떤 특징을 가지고 있었나요? 혹은 텔레비전에서 본 외국인들은 어떤 모습이었나요? 최근에는 우리나라에도 많은 외국인이 들어와 살고 있기 때문에 예전보다 쉽게 외국인과 마주칠 수 있게 되었어요.

그럼 여기서 잠깐! 여러분은 우리나라에 외국인 거리가 있다는 것을 알고 있나요? 외국인 거리는 이태원과 같이 외국인들이 많이 모여 사는 곳에 자연스럽게 형성된 거리예요. 외국인의 입장에서는 낯선 나라에서 뿔뿔이 흩어져 지내는 것보다는 같은 나라 사람끼리 혹은 같은 문화권 사람끼리 가까운 곳에 모여 살며 서로 필요한 정보를 교류하는 것이 더 좋겠지요. 이는 마치 우리나라 사람들이 미국에 가서 한인 타운을 형성하는 것과 비슷하답니다. 여러분은 외국인 거리가 어디에 있는지, 어떤 모습인지 궁금하지 않나요? 모두 함께 외국인 거리에 대해 알아보아요.

 이태원

서울 용산에는 이태원동이 있는데, 근처에 미군 기지가 있어서 원래

는 미군의 거리로 유명했다고 해요. 하지만 얼마 전부터 다양한 국적을 가진 외국인이 모여들면서 다문화 거리로 거듭나고 있지요. 실제로 이태원 거리에 가 보면 마치 외국에 온 것 같은 느낌을 받을 수 있어요. 거리에 다니는 사람들을 자세히 살펴보면 우리나라 사람보다 외국인이 더 많기 때문이지요.

특히 이태원은 무슬림들의 종교 활동을 위한 이슬람 사원으로 유명하답니다. 파키스탄, 이집트 등에서 온 무슬림들은 매주 금요일마다 이곳에서 기도를 하지요. 또 근처에는 이슬람식 음식을 파는 식당이나 가게도 많이 있어요.

이태원의 이슬람 거리가 끝나는 지점에서 우리는 또 다른 거리를 만날 수 있어요. 바로 아프리카인의 거리예요. 사실 우리나라에는 아프리카인들이 그리 많지 않았어요. 그런데 최근 들어 가나, 나이지리아, 잠

비아 등등에서 많은 아프리카인이 이주해 오고 있지요. 이렇게 아프리카인이 급격히 늘어나자, 이곳에도 아프리카 식당 등을 비롯한 여러 종류의 가게가 많이 생겨나게 된 것이랍니다.

중국인 거리

어쩌면 우리나라에 제일 많은 외국인 거리는 중국인 거리일지도 몰라요. 인천에 큰 차이나타운이 있는 것을 포함하여, 전국 곳곳에 크고 작은 규모의 중국인 거리가 있기 때문이지요. 여기서는 서울 구로 근처에 있는 중국인 거리에 대해 알아볼 거예요. 골목 하나 정도로 그리 규모가 크지 않은 거리지만, 이곳에 가면 중국어로 쓰인 수많은 붉은 간판을 볼 수 있어요. 양꼬치 같은 중국 음식을 파는 식당이나 식료품점이 많고 중국식 노래방도 만나 볼 수 있지요.

하지만 중국인 거리가 마냥 즐겁고 신나는 곳만은 아니랍니다. 사실 이곳은 타국에서 생활하는 외국인들의 슬픔과 고통이 묻어 있는 곳이기도 하지요. 고향을 그리워하는 마음, 어서 빨리 돈을 벌어 고향으로 돌아가고 싶은 마음, 다른 나라에서 살아가는 것의 힘겨움 등이 녹아 있는 공간이기도 하지요. 그래서 간혹 밤에 술을 먹고 싸움을 하거나 시비를 거는 일들이 생기기도 했답니다. 하지만 요즘에는 중국인들 스스로 자율 방범대를 만들어 이러한 일을 막기 위해 노력하고 있다고 해

요. 우리나라에서 잘 적응하며 살아가기 위한 중국인들의 노력에 박수를 쳐 주어야겠지요?

지금까지 우리는 이태원과 중국인 거리에 대해 알아보았어요. 이 밖에도 우리나라에는 다양한 외국인 거리가 있답니다. 이러한 외국인 거리는 우리나라에 많은 외국인이 들어와 살고 있으며, 우리나라도 어느덧 다문화 사회가 되었다는 것을 알려 주지요. 우리는 외국인 거리를 통해 그들이 어떤 문화를 가지고 살아가는지, 그리고 우리나라에서 어떤 모습으로 살아가는지를 알 수 있어요. 이렇게 그들의 문화를 알아가다 보면 여러분은 외국인을 좀 더 따스한 모습으로 이해하고 받아들일 수 있겠지요?

본문에 제시된 사진을 참고하거나 인터넷 또는 책 등에서 외국인 거리 사진을 더 찾아본 뒤, 우리나라 거리와는 다른 외국인 거리만의 특색이 무엇인지 아래에 적어 보세요.

플러스 tip +

우리나라에는 인천 차이나타운, 서울 광희동 몽골타워 등 앞에 소개한 장소 외에도 많은 외국인 거리가 있어요. 여러분이 가 보고 싶은 외국인 거리를 한 곳 정한 다음 그에 대해 알아본 뒤 그것을 홍보하는 포스터를 만들어 보세요.

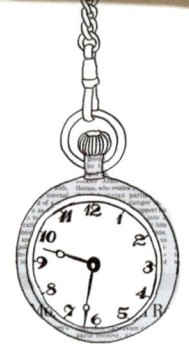

고구려인은 어떻게 살았을까?

여러분, 주몽이 세운 고구려에 대해 알고 있나요? 고구려는 지금으로부터 천 년도 훨씬 전에 세워진 나라랍니다. 그 옛날 고구려인은 오늘날의 우리와 비슷하게 살았을까요? 아니면 다르게 살았을까요? 몇 가지 이야기를 통해서 고구려인이 어떻게 살았는지 알아보도록 해요.

 ## 고구려의 여인들이 적극적이었다고요?

조선시대에는 남편이 죽으면 아내는 죽은 남편을 평생 생각하며 홀로 살아야 했어요. 행여 다른 남자와 재혼을 하는 일은 상상조차 할 수 없는 것이었지요.

하지만 고구려는 조선시대와는 많이 달랐어요. 고구려에서는 여성이 사회적으로 상당한 대우를 받았지요. 이는 고구려를 세우는 데 큰 역할을 했던 소서노의 예만 봐도 알 수 있지요. 소서노는 부족의 미래를 위해 주몽과 재혼했고, 자신의 아들인 비류와 온조를 데리고 백제를 세우는 데도 큰 역할을 했답니다.

또한 고구려 초기의 결혼 풍습인 데릴사위제도도 여성의 지위가 높았

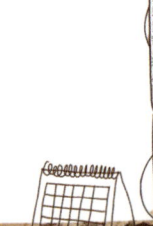

음을 보여 주는 예가 되지요. 데릴사위제도란 신부가 결혼을 해서 바로 신랑 집에 들어가 사는 것이 아니라, 신랑이 신부의 집에 들어가 일정 기간 살다 오는 제도랍니다. 여기에서 알 수 있듯이, 남자는 여자를 신부로 맞이하기 위해 많은 노력을 했어요. 그리고 아마도 이는 당시 여성의 지위가 높았으며, 여성의 노동력을 매우 중요시했다는 것을 보여 주지요.

마지막으로 우리는 평강공주의 이야기도 살펴볼 수 있어요. 평강공주는 자신이 점찍은 상대인 온달과 결혼했고, 나중에 온달을 최고의 장수로 키울 만큼 매우 주도적인 여성상을 보여 주고 있지요.

이처럼 많은 예를 통해 우리는 고구려 여인들은 매우 적극적이고 자신의 생각대로 행동할 수 있는 위치에 있었다는 것을 알 수 있어요.

 ## 고구려 사람들도 축구를 했나요?

옛날 역사를 기록해 놓은 『구당서』라는 책이 전하는 바에 따르면, 고구려 사람들은 '축국'이란 운동을 매우 잘했다고 해요. '축국'이란 발로 공을 차는 운동으로, 삼국시대 때 중국에서 전해져 고구려에도 널리 퍼지게 되었어요.

하지만 축국이 지금의 축구처럼 골대에 공을 차 넣는 운동이었는지는 정확하지 않아요. 왕운정의 『축국도보』를 보면 골대가 있는 경우도 있고 없는 경우도 있다고 하니까요. 공 또한 지금 우리가 흔히 쓰는 축구공과는 많이 다른 모습이었어요. 주로 가죽 주머니에 동물의 털을 넣거나, 동물의 오줌주머니에 바람을 넣어 만들었지요.

'축국' 외에도 고구려 사람들은 다양한 운동을 즐겼는데, 대표적인 것이 씨름과 사냥이랍니다. 고구려시대 벽화인 '각저총'에 그려진 씨름도를 보면, 당시 씨름이 현재의 모습과 거의 흡사하다는 것을 알 수 있어요. 또한 사냥도 많은 사람이 즐기는 운동이었는데, 여기에는 고구려의 왕도 참가했다고 해요. 왕은 백성들 앞에서 사냥 솜씨를 보여 줌으로써 자신의 힘을 과시하고, 백성들이 자신을 믿고 따르게끔 만들었지요.

각저총 씨름도

 ## 고구려 사람들도 김치를 먹었나요?

우리 민족은 옛날부터 발효 음식을 즐겨 먹었는데, 고구려 사람들도 마찬가지였답니다. 고구려 사람들이 채소를 소금에 절여 마늘, 생강 등으로 양념을 해먹었다는 기록이 있지요.

당시 고구려 옥저 지방은 질 좋은 소금으로 유명했어요. 그래서 사람들은 소금을 이용해 해산물이나 채소를 절여 먹는 방법을 생각해 낸 것이지요. 해산물이나 채소를 소금에 절이면, 상하지 않고 오래가기 때문에 그냥 보관했을 때보다 먹을 수 있는 기간이 길어지는 장점이 있지요. 고구려의 겨울은 매우 혹독하고 길었기 때문에 겨울에는 채소를 먹기가 무척 힘들었어요. 그래서 음식물을 오랫동안 저장해 놓고 먹어야 할 필요가 있었지요.

하지만 이렇게 소금에 절인 음식은 오래 보관해 놓고 먹을 수는 있었지만 그 맛이 떨어지는 단점이 있었어요. 그래서 고구려 사람들은 소금에 절인 음식에 양념을 넣어 좀 더 맛있게 먹는 방법을 생각해 냈답니다. 채소에 마늘, 생강과 같은 양념을 넣고 절이면 그 음식은 발효가 되어 색다른 맛을 내는 것이지요.

이렇게 고구려 사람들이 담가 먹은 음식은 오늘날의 백김치에 가까운 것이라고 볼 수 있어요. 그 당시 우리나라에는 고춧가루가 없었거든요. 고구려 사람들은 김치라고 부르는 음식을 담가 먹지는 않았지만 김치의 기원이 되는 음식을 만들어 먹었다고 말할 수 있답니다.

스스로 생각해 보아요!

고구려에 대해서 새로 알게 된 내용은 무엇인가요? '고구려인은 어떻게 살았을까?'의 내용을 참고해서 정리해 봅시다.

플러스 tip +

고구려가 멸망했을 때 고구려 사람들은 어떻게 되었나요?

고구려는 멸망했지만 당나라는 여전히 고구려 사람들을 두려워했어요. 고구려 사람들은 용맹할 뿐만 아니라 나라를 사랑하는 마음도 강해서 언제 반란을 일으킬지 몰랐으니까요. 그래서 당나라는 반란을 막기 위해 고구려 사람들을 뿔뿔이 흩어 놓았어요.

그럼에도 고구려 사람들은 당나라에 굴복하지 않고 저항했어요. 또한 고구려와 백제를 멸망시킨 당나라가 신라마저 차지하려고 하자 고구려 사람들은 신라 사람들과 손을 잡고 당나라에 맞섰지요. 그 덕분에 신라는 대동강 유역까지의 땅을 지킬 수 있게 되었답니다.

7세기 후반, 당나라의 감시가 약해지자 요동으로 끌려갔던 고구려 사람들은 상대적으로 전쟁의 피해가 적었던 만주 동쪽으로 빠져나가 말갈족과 함께 나라를 세워 고구려의 정신을 이어나가요. 그때 세운 나라가 바로 발해랍니다.

우리나라, 얼마나 알고 있나요?

여러분은 우리나라의 이름에 대해 생각해 본 적이 있나요? '대한민국'에 담긴 뜻이 무엇인지, 왜 우리나라의 이름이 '대한민국'인지에 대해서 말이에요. 글로벌 시대가 되면서 다른 나라에 대한 관심이 높아지고 해외여행도 활발해졌지만, 정작 우리나라에 대해 생각해 볼 시간은 많지 않을 수 있어요. 하지만 여러 번 강조했듯이, 다른 나라의 문화를 받아들이기 위해서는 우리 고유의 것을 올바르게 이해하는 것이 필수랍니다. 그래서 이번 시간에는 여러분과 함께 우리나라에 대해 좀 더 깊이 있게 이해해 보고자 해요. 그럼, 다 같이 우리나라에 관한 이야기들을 읽어 볼까요?

 우리나라 이름은 왜 대한민국일까요?

"대한(大韓)이란 이름을 쓰다가 나라가 망했으니, 그 이름은 다시 사용할 수 없소." 1919년, 상하이에 있는 임시정부에서는 새롭게 세워질 나라의 이름을 짓는 중요한 회의가 열렸어요. 그때 독립운동가 중 한 사람인 신석우 선생님이 나라의 이름을 '대한민국'으로 하자고 했지요. 그러

자 또 다른 독립운동가 여운형 선생님은 이에 대해 강하게 반대했어요. 여운형 선생님은 조선 왕조가 망할 무렵 잠시 '대한제국'이란 이름을 사용한 적이 있음을 이야기하며 망한 나라의 이름을 다시 사용할 수는 없다고 주장했지요.

하지만 신석우 선생님은 한마디 말로 여운형 선생님의 마음을 돌리는 데 성공했답니다. 다음의 한마디가 우리나라의 이름을 대한민국으로 결정하게 했답니다.

"대한으로 망했으니 대한으로 흥하자."

이 말에 모두 고개를 끄덕였고, 우리나라의 이름을 대한민국으로 결정한 것이지요. 그리고 이 이름은 상하이 임시정부와 1948년 정부 수립 이후에도 변함없이 우리의 국호로 남았답니다.

대한민국은 무슨 뜻일까요?

'대한민국'에서 한(韓)은 먼 옛날 한반도에 있던 마한(馬韓), 진한(辰韓), 변한(弁韓)과 같은 나라 이름에서 따온 거예요. 그때부터 '한'은 우리 민족을 상징하는 낱말이 되었지요. 우리 민족을 가리키는 '한민족'의 '한' 자도 바로 이 '한(韓)'에서 온 것이랍니다. 그래서 '대한'이란 '위대한(大) 한민족(韓)'이란 뜻이 되지요. 또한 '민국(民國)'은 '국민의 나라'란 의미예요. 따라서 대한민국의 뜻은 '위대한 한민족이 세운 국민의 나라'라고 할 수 있지요.

 ## 왜 우리나라를 IT 강국이라 부르나요?

IT란 Information Technology의 약자로, 정보기술을 뜻한답니다. 우리나라는 인터넷 설비의 구축이나 이용자 수, 그리고 첨단 정보를 다루는 제품의 보급이 활발한 편이랍니다. 이처럼 IT 산업이 발전할 수 있는 여건이 고루 갖추어져, 전 세계에서 IT 강국으로 인정받고 있답니다. 이러한 사실을 확인할 수 있는 대표적인 예가 바로 인터넷 이용자 수의 비율이 높고, 휴대폰의 보급률이 세계 1위라는 점이지요. 또한 국가적으로 IT 산업을 위해 막대한 투자를 하고 있어 IT 산업이 국내총생산(GDP)에서 13%나 차지하고 있답니다. 이에 더해 우리나라는 세계 최고 수준의 디지털 평면 텔레비전과 컴퓨터 모니터, 반도체 생산 기술 등을 가지고 있답니다. 그래서 다른 나라에서 첨단 기기들을 만들 때, 우리나라에서 먼저 테스트를 해 볼 정도랍니다.

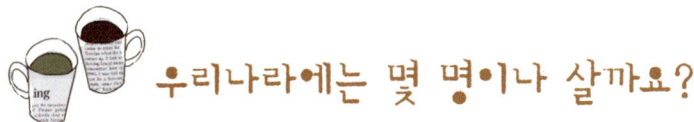 ## 우리나라에는 몇 명이나 살까요?

한반도의 인구가 1천만 명을 넘긴 것은 조선 중종 6년 때의 일이라고 해요. 그 후 약 500년이 지난 지금, 한반도에 살고 있는 사람들은 약 7,000만 명으로 대략 7배 정도 늘었지요. 2012년 현재 남한의 인구는 약 5,010만 명 정도이고, 북한은 약 2,400만 명 정도라고 해요. 남한의 인구

만으로 따져 보면 세계에서 약 25위, 남북한을 합치면 세계 14위 정도에 해당하는 인구수입니다. 한편, 땅 1㎢당 몇 명의 인구가 사는지를 나타내는 인구 밀도는 475명으로 세계 13위 정도에 해당한다고 합니다.

그런데 우리나라의 인구수가 점점 줄어들고 있다는 사실을 알고 있나요? 예전에 비해 아이를 많이 낳지 않기 때문이지요. 여성 한 명이 평생 몇 명의 아이를 낳는지 수치로 나타낸 것을 출산율이라고 하는데, 우리나라의 출산율은 1970년에 4.5명이던 것이 2002년에는 1.17명 정도로 떨어졌어요. 보통 적당한 인구수가 유지되기 위한 출산율은 2.1명 정도라고 해요.

따라서 지금처럼 낮은 출산율이 계속되면 남한 인구는 점차 줄어들게 된답니다. 그리고 인구수가 줄어들면 다양한 문제가 생길 수 있지요. 무엇보다도 나라를 발전시키고, 경제를 이끌어 갈 인력이 부족해지는 것이 가장 큰 문제지요. 경제 활동을 할 수 없는 노인 인구수에 비해 젊은 이들의 숫자가 턱없이 부족해지는 것도 큰 문제가 되고요. 그러니까 대한민국의 밝은 미래를 위해서는 지금보다는 조금 더 많은 아이를 낳아야 할 필요가 있지요. 이 같은 이유로 정부와 여러 단체는 다양한 사회복지제도와 출산을 장려하기 위한 캠페인에 힘을 쏟고 있답니다.

 ## 우리나라의 나라꽃이 왜 무궁화가 되었을까요?

무궁화는 7월 초순에서 10월 하순까지 매일 꽃을 피운다고 해요. 보통 한 그루에 2,000~3,000개의 꽃송이가 열리지요. 불과 며칠 동안만 꽃을 피우다가 사라지는 다른 꽃들과는 비교되지 않을 만큼 긴 기간과 수를 자랑하지요. 그래서 우리 조상들은 이미 고조선 때부터 무궁화를 '하늘나라의 꽃'으로 생각하며 귀하게 여겼답니다. 신라는 스스로를 '무궁화 나라'라고 부를 정도였지요.

다른 나라의 경우, 대개 나라꽃은 황실이나 귀족층에서 사랑하던 꽃으로 정하는 경우가 많다고 해요. 그런데 우리나라는 서민 계층을 포함한 국민 모두가 사랑했던 무궁화가 나라꽃으로 지정되었지요. 이는 세계적으로 매우 드문 일로, 그만큼 무궁화는 국민 전체의 꽃이며 민주적인 전통을 갖고 있다고 볼 수 있답니다.

이렇게 오랜 세월 국민의 마음속에 겨레의 꽃으로 사랑받아 온 무궁화가 공식적으로 우리나라의 꽃으로 지정된 것은 대한민국 수립 직후인 1949년부터랍니다.

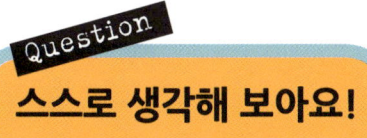

스스로 생각해 보아요!

지금까지 몰랐던 대한민국의 모습은 무엇인지 생각해 보세요. 그리고 대한민국에 대해 새로 생긴 궁금증이 있다면 적어 보세요.

플러스 tip +

주시경, 남궁억 선생님께 편지를 써 보아요.

우리 조상들은 우리나라를 지키고 가꾸기 위해 수많은 노력을 하셨답니다. 한글을 사랑했던 주시경 선생님이나 무궁화를 사랑했던 남궁억 선생님에 대한 전기를 읽고, 그분들에게 감사의 마음을 담아 편지를 써 보세요.

다양한 문화 알아가기

교통과 통신이 발달함에 따라 지구는 점차 하나의 마을처럼 가까워지고 있어요. 그래서 우리는 세계 각국의 다양한 문화를 가진 사람들과 어울려 사는 법을 배워야 하지요. 가장 기본적으로는, 세계 각국의 문화를 잘 이해하는 것이 무엇보다 중요해요. 다른 나라의 문화를 이해하게 되면 다른 나라 사람들과 더불어 살아가는 것이 조금 더 친숙하게 느껴지기 때문이지요. 이런 이유로 세계의 다양한 문화를 더 잘 알고 이해할 수 있는 방법에 대해 알아보고자 해요.

 다양한 문화를 알아가는 방법

사실 한 나라의 문화를 알아간다는 것은 생각보다 긴 시간이 필요한 일이랍니다. 문화는 어느 한순간에 생겨나는 것이 아니라, 오랜 시간 전해지면서 형성되고 자리 잡는 유산이기 때문이지요. 그래서 조급한 마음보다는 꾸준한 관심으로 다른 나라의 문화를 배우겠다는 마음을 갖는 것이 중요하답니다.

다들, 새로운 학년에 올라가 새로운 친구를 사귈 때를 떠올려 보세요. 나와 비슷한 점이 많은 친구와 친해지는 것은 어렵지 않을 거예요. 내가 좋아하는 노래를 친구도 좋아한다면, 굳이 그 노래에 대해 설명하지 않아도 서로 즐겁게 부르면서 놀 수 있지요. 또 친구도 나도 모두 축구를 좋아한다면 좀 더 빨리 친해질 수 있어요. 서로의 공통적인 관심사인 축구를 하면서 자연스레 함께하는 시간이 많아지고, 단짝이 되기도 쉽지요. 하지만 서로 좋아하는 운동이나 취미가 다르다면 친해지는 과정에서 시간이 좀 더 걸릴 거예요. 서로 알아가는 데 많은 시간과 노력이 필요해지는 것이지요.

　다른 문화권의 사람들과도 마찬가지라고 할 수 있어요. 다른 나라에서 온 사람들은 우리와는 다른 문화를 가지고 있을 거예요. 따라서 좀 더 여유롭게 시간을 가지고 다른 나라에서 온 사람들을 알아가려는 노력이 필요하답니다. 즉, 다른 나라의 문화와 그 사람들을 이해하기 위해서는 시간과 노력, 기다리는 마음이 중요하다는 것이지요. 그렇다면 서로 다른 문화를 알아가고 이해하기 위해서 우리는 어떤 노력을 기울여야 할까요?

첫 번째, 직접 만나서 이야기를 나누어 보세요!

　직접 만나서 이야기를 나누어 보는 것은 서로를 이해할 수 있는 가장 빠르고도 효과적인 방법이 될 거예요. 예전과는 달리 우리나라에는 많은 외국인이 살고 있어요. 또 관광을 위해 우리나라를 방문하는 외국인도 계속해서 늘어나고 있지요. 그래서 굳이 외국에 나가지 않더라도 주변에서 쉽게 외국인을 만날 수 있어요. 우리가 관심을 가지고 외국인들과 만나고 이야기를 시작하게 되면 자연스레 외국의 다양한 문화를 알아갈 수 있겠지요? 하지만 무작정 만나기보다는 먼저 그 나라의 문화에 대해 약간의 공부를 해 놓으면 더 좋을 거예요. 그래야 혹시 저지를 수 있는 무례한 행동이나 실수를 줄일 수 있을 테니까요.

두 번째, 다양한 문화를 소개하는 책을 읽어 보세요!

가까운 도서관이나 서점에 가서 다른 나라의 문화를 소개하는 책을 찾아보세요. 여러분은 아마도 그러한 책의 수가 생각보다 많음에 놀라게 될지도 몰라요. 글로벌 시대가 된 만큼 다른 나라의 문화를 이해하는 데 도움이 되는 자료가 점점 많아지고 있답니다. 아마도 이는 우리나라도 외국의 다양한 문화를 이해하려는 노력을 많이 하고 있음을 보여 주는 예가 될 수 있어요. 또 그만큼 외국에서 우리나라를 찾아오는 사람들, 혹은 우리나라에서 살고자 하는 사람들이 많아지고 있다는 사실을 보여 주기도 하지요. 우리가 외국의 다양한 문화나 역사에 대해서 잘 이해하게 되면 그들과 어울려 살아가는 데 큰 힘이 된답니다. 그러니까 책을 통해서 이러한 자료를 찾아보는 것은 다양한 문화를 이해하는 데 큰 도움이 되지요.

세 번째, 다양한 문화를 소개하는 홈페이지를 살펴보아요!

우리는 인터넷을 통해 수많은 정보를 즉각적으로 얻을 수 있어요. 외국인들의 생활과 문화에 대한 자료 또한 인터넷에서 쉽게 찾아볼 수 있지요. 세계 여러 나라에 대한 정보를 담고 있는 사이트는 물론이고, 블로그 등을 통해 각 나라의 여행기도 찾아볼 수 있지요. 이 밖에도 인터넷 공간 속에 숨어 있는 정보는 무궁무진하답니다. 하지만 인터넷을 통해 정보를 얻을 때에는 주의를 기울여야 한답니다. 인터넷은 자유로운 공간인 만큼 정보의 출처가 정확하지 않거나, 정보의 정확성이 떨어지는 경우가 간혹 있기 때문이지요. 그러므로 인터넷을 통해 얻은 정보는 있는 그대로 받아들이기보다는 비판적으로 사고하는 과정을 거쳐야 한다는 점을 염두에 두세요.

이번 시간에는 다양한 문화를 알아가고 이해하기 위한 대표적인 세 가지 방법에 대해서 살펴보았어요. 제시된 방법을 활용하여 우리나라 문화에 대한 자부심을 느끼는 것은 물론, 다른 나라의 문화를 존중하는 여러분이 될 수 있도록 다 함께 노력해 보아요.

스스로 생각해 보아요!

'다양한 문화 알아가기'를 읽어 보았나요? 이 글을 읽으면서 가장 인상 깊었던 내용은 무엇이었나요? 혹은 글을 읽고 새로 알게 된 사실이 있다면 적어 보세요.

플러스 tip +

앞에 제시된 세 가지 방법 중에서 하나를 골라 실천해 보도록 합시다. 지금 내가 할 수 있는 것, 혹은 하고 싶은 것을 찾아 실천해 보는 거예요. 부모님이나 선생님의 도움이 필요하다면 함께 의논해 보는 것도 좋겠지요?
그럼, 방법을 하나 고른 뒤 직접 해 보고, 과정과 느낀 점을 자세히 적어 보세요.

가슴으로 베푸는 사랑

여러분은 '아프리카' 하면 무엇이 떠오르나요? 혹시 아프리카 수단을 배경으로 한 〈울지마, 톤즈〉라는 영화를 본 적이 있나요? 이 영화는 수단의 슈바이처 박사라고 불리는 이태석 신부님의 삶을 다룬 영화랍니다.

이태석 신부님은 의대를 졸업하고, 의사로 편하게 사는 길을 포기한 채 신부가 되어 수단으로 갔어요. 수단은 아프리카에 위치한 나라로, 전쟁이 끊이질 않고 먹을 것이 모자라 굶는 사람들이 많은 아주 가난한 나라랍니다. 이태석 신부님은 이런 수단에 왜 가셨을까요? 또 수단에 가서 무슨 일을 하셨을까요? 지금부터 함께 살펴보아요.

 왜 신부님은 아프리카 수단으로 갔을까요?

수단은 무척 가난하고 또 위험한 나라라고 할 수 있어요. 오랜 전쟁으로 나라의 모든 것이 황폐해졌기 때문이지요. 수단 국민의 약 80% 정도는 글을 읽고 쓰지 못하는 문맹으로 알려져 있답니다. 또한 말라리아, 콜레라 등의 전염병이 많이 생기지만 적절한 약도 없고, 치료할 의사도 없어

서 수많은 사람들이 아무런 치료도 받지 못한 채 죽어가고 있다고 해요.

이태석 신부님은 바로 이런 어려운 곳으로 가서 헐벗고, 굶주리고, 병에 걸리고, 무엇보다 아무런 희망 없이 살아가던 사람들에게 의술을 베풀었어요. 적절한 진료와 약을 처방해 줌으로써 죽어가는 수많은 생명을 살린 것이지요. 또한 단순히 의술만이 아니라 학교도 세우고, 악기 연주도 가르쳐 주는 등 그들의 삶이 더욱 풍성해질 수 있도록 여러 방면에서 애쓰셨답니다. 수단 사람들에게 온 마음을 다해 따뜻한 사랑을 베풀었던 것이지요. 이런 신부님에게 몇몇 사람들은 한국에도 도움이 필요한 가난한 사람들이 많은데 왜 굳이 아프리카까지 갔냐는 질문을 던지기도 했어요. 이에 신부님은 다음과 같이 대답하셨어요.

"나도 잘 모르겠다. 다만, 내 삶에 영향을 준 아름다운 향기가 몇 가지 있다. 가장 보잘것없는 이에게 해 준 것이 곧 나에게 해 준 것이라는 예수님 말씀, 모든 것을 포기하고 아프리카에서 평생을 바친 슈바이처 박사, 그리고 어릴 때 집 근처 고아원에서 본 신부님과 수녀님들의 헌신. 마지막으로 10남매를 위해 희생하신 어머니의 고귀한 삶. 이것이 내 마음을 움직인 아름다운 향기다."

 수단의 슈바이처, 이태석 신부님

신부님이 수단에 갔을 때, 그곳 아이들은 버려진 총과 칼을 장난감

기아에 허덕이는 수단의 어린이

삼아 들고 놀았어요. 신부님은 이런 수단의 아이들에게 음악과 악기를 가르쳤지요. 그래서 더는 그곳의 아이들이 서로를 향해 총을 겨누지 않도록, 대신 아름다운 하모니를 만들어 내며 서로 화합하고 즐겁게 살아갈 수 있도록 도와주었어요.

또한 이태석 신부님의 노력 덕분에 아이들은 책과 연필을 들고 학교에서 공부할 수 있게 되었어요. 신부님은 수단에 학교를 세우고는 직접 수학과 음악을 가르쳤어요. 또한 다른 나라에서 교사를 데려오기도 하며 아이들의 교육에 힘썼지요.

물론 이런 일들을 하면서, 이태석 신부님은 자신의 본래 업무인 진료도 게을리하지 않았어요. 하루에 300명이 넘는 환자를 보면서도 시간을 쪼개 학교를 세우고 수업을 하셨던 것이지요.

그래서 수단 사람들은 이태석 신부님을 '수단의 슈바이처'라고 부른답니다. 아이들에게 애정을 다해 지도하는 모습, 치료를 받기 위해 먼 거리를 몇 날 며칠 꼬박 걸어서 찾아온 환자들을 성심 성의껏 진료하는 신부님의 모습에서 따뜻한 사랑을 보았기 때문이지요.

 ## 신부님은 우리와 다른, 특별한 분이 아닐까요?

신부님이 그냥 우리나라에서 의사가 되었다면 아마도 부와 명예, 편안하고 안정된 삶을 얻을 수 있었을 거예요. 그런데 이를 모두 마다하고 헐벗고 굶주린 아프리카의 수단으로 가신 이태석 신부님에게는 우리와는 다른 뭔가 특별한 게 있지 않았을까요? 하지만 신부님을 잘 알고 계시는 분들의 이야기를 들어보면 신부님도 우리와 별로 다르지 않은 '보통 사람'이었다고 해요.

"제가 본 이태석 신부님은 '보통 사람'이었습니다. 하지만 신부님 얘기를 들은 사람들은 하나같이 그를 '대단하고 훌륭한 사람'으로 기억하죠. 그런데 전 그렇게 생각하지 않습니다. 남을 돕는 데 필요한 건 특별한 재능이나 재산이 아니에요. 그들을 한 번 더 생각하고 노력하는 자세만으로도 충분히 나눔을 실천할 수 있거든요. 자기만 생각하는 좁은 생각에서 벗어나 좀 더 넓은 시선으로 사랑과 나눔을 실천해 보세요."

이태석 신부님을 곁에서 지켜본 지인의 이야기처럼, 다른 사람에게 베푸는 것은 거창하고 어려운 일이 아니랍니다. 돈이나 먹을 것 같은 물질적인 것을 나누는가 혹은 따뜻한 마음을 나누는가 하는 것은 중요하지 않아요. 자기가 가진 것의 1%만이라도 다른 사람들과 나누고, 자신이 할 수 있는 것, 자신이 가진 힘의 일부만이라도 누군가를 위해 쓸 수 있다면, 우리는 충분히 남들과 함께하는 삶을 살고 있다고 할 수 있지요.

Question
스스로 생각해 보아요!

'가슴으로 베푸는 사랑'을 읽고, 이를 참고하여 내가 주변 사람들을 위해 베풀 수 있는 일에는 무엇이 있을지 2개 이상 적어 보세요.

플러스 tip +

영화 <울지마, 톤즈>를 감상한 뒤, 어떤 느낌이 들었는지 써 보세요.
그리고 함께 나누는 삶이 우리에게 왜 필요한지 적어 보세요.

문화지능 영역 마무리하기

1. 나는 문화지능에 대해 무엇을 배웠나요?

여러분은 지금까지 문화지능의 각 영역에 대해 생각해 보았어요. 각각의 글을 읽고 그에 대해 답하고 적용해 보았을 거예요. 그리고 이를 통해 문화지능이 높은 글로벌 인재가 되기 위해 갖추어야 할 지식이나 태도, 행동이 무엇인지 알게 되었겠지요. 이제 다음 질문에 대답하면서 지금까지 공부한 내용을 정리해 볼까요?

1) 문화지능에 관한 내용 중 가장 새롭고 재미있었던 것은 무엇인가요?

재미있었던 내용의 제목 : _____

특별히 재미있었던 부분이나 기억에 남는 내용 : _____

_____

_____

_____

_____

2) 나의 문화지능을 높이기 위해 좀 더 노력하고 싶은 부분이 있다면 앞으로 어떻게 할지 계획해 보아요.

좀 더 노력하고 싶은 부분: _____

실천 계획

① _____

② _____

③ _____

2. 국제 무대에서 높은 문화지능을 가지고 리더로 살아갈 나의 미래 모습을 상상해 봅시다.

국제 사회에서 어떤 일을 하고 싶나요? 높은 문화지능을 활용하여 그 일을 멋지게 해낼 나의 모습을 상상하여 글을 써 보아요.

_____

_____

_____

_____

Part 3
자기주도성

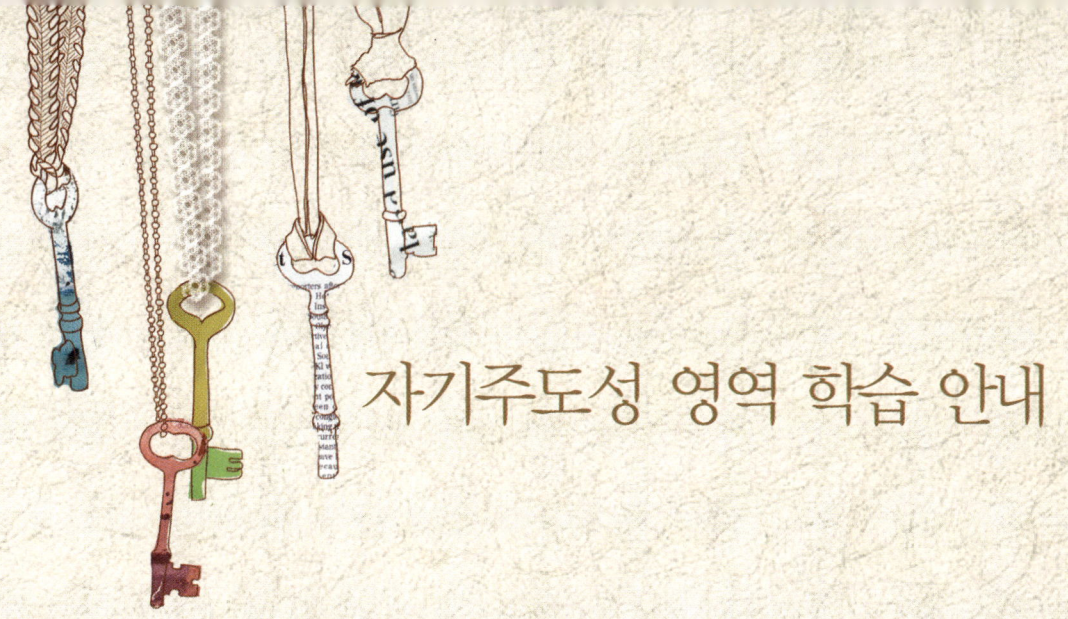

자기주도성 영역 학습 안내

1. 자기주도성 영역 학습 내용

여기서는 여러분이 스스로 공부하는 능력을 기를 수 있도록 도와줄 거예요. 스스로 공부하는 능력이란 누가 시키지 않아도 자기가 주도적으로 공부하고, 공부에 대한 자신감을 가지고 적극적으로 배우려고 하며, 적절한 공부 방법을 활용하여 학습하는 능력을 말하지요.

이러한 능력을 기르기 위해서는 먼저 일상생활에서 스스로 결정하고 자기 자신을 조절하는 습관을 길러야 한답니다. 일상생활에서 자신의 일을 스스로 하지 못하는 사람이 공부를 스스로 하기란 어렵기 때문이지요. 일상생활에서의 여러 가지 일을 스스로 해내는 사람은 공부 또한 스스로 해낼 수 있게 되지요. 따라서 여러분은 먼저 이 책으로 일상생활에서 스스로 결정하고 자신을 조절하는 법을 배우게 될 거예요.

일상생활에서 자신의 일을 스스로 하는 연습을 한 이후에는 공부를 스스로 할 수 있는 법을 배울 거랍니다. 이때 우선 여러분이 공부하는 것에 대해 긍정적인 마음을 갖도록 도와주고, 공부할 때 도움이 되는 방법을 알려 주며, 공부하는 습관을 기르도록 해 줄 거예요.

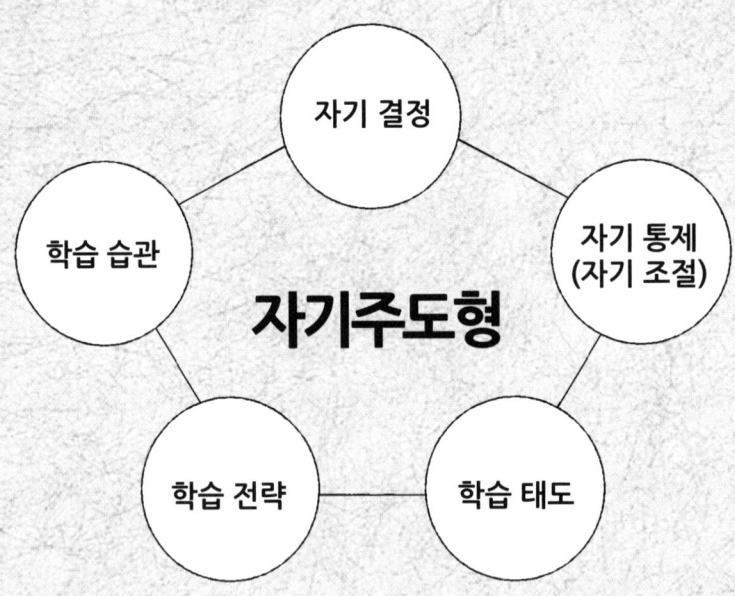

공부는 누구나 스스로 할 수 있어요. 다만, 제대로 된 방법을 모르거나 연습이 부족해서 어렵게 느껴질 뿐이지요. 즉, 현재 스스로 공부하지 못하고 있다면 혼자서 공부할 자신이 없거나 혼자서 공부하는 방법을 모르기 때문일 가능성이 높아요. 이제 여기에서 알려 주는 것을 읽고 소개된 방법을 적용하여 연습해 보면 어느새 여러분은 스스로 공부하는 능력을 갖게 될 거예요.

하지만 항상 기억해야 할 것은, 책을 한 번 읽고 한 번 연습해 보았다고 해서 마술처럼 단번에 혼자서 공부할 수 있는 것은 아니라는 거예요. 스스로 공부하는 것이 습관처럼 몸에 밸 수 있도록 반복해서 실천해야 한다는 점을 잊지 마세요!

2. 자기주도성 영역 읽어 내는 방법

1) 각 장에 제시된 글을 읽어요. 읽을 때는 현재 자신의 모습과 비교하면서 읽어 보세요. 또한 자신이 몰랐던 사실이나 내용이 무엇이 있었는지 생각하면서 읽는 것이 좋아요.

2) 글 마지막에 제시되어 있는 질문에 답해 보아요. 질문은 여러분이 앞에 제시한 글을 잘 이해했는지 확인하기 위한 것이에요. 혹시 질문에 답하기 어렵다면 글을 다시 한 번 읽어 보세요.

3) 플러스 tip에 제시되어 있는 내용을 확인해 보아요. 플러스 tip은 앞에서 제시한 글과 관련이 있는 활동이나 읽을거리, 혹은 주제에 대한 좀 더 발전된 질문 등으로 다양하게 구성되어 있어요. 혼자서 하기 어렵다거나 이해가 되지 않을 때는 부모님이나 선생님에게 도움을 요청해도 좋아요.

어떻게 공부를 잘할 수 있을까요?

여러분은 혹시 공부를 하다가 짜증이 나거나 아쉬운 마음이 든 적이 있나요? 생각대로 공부가 잘되지 않을 때 가끔 그런 생각을 하게 된답니다. 예를 들면, '난 머리가 나빠서 공부를 못하는 것 같아.' 하면서 지능을 탓하거나, '시간이 조금만 더 있었어도 공부를 완벽하게 할 수 있었을 텐데!' 하면서 부족한 시간을 탓하기도 하지요. 하지만 사실 여러분에게는 이미 충분한 능력이 있답니다. 그렇지 않은 것 같다고요? 그럼 아래의 이야기를 함께 읽어 볼까요? 여러 가지 신체적인 어려움에도 노력으로 이를 극복한 찰스 슈왑(Charles Schwab)의 이야기 속으로 지금부터 들어가 봅시다.

 글을 읽고 쓸 수 없었어요

찰스 슈왑은 어렸을 때 반에서 꼴찌를 도맡아 했어요. 아무리 집중하여 독서를 하려고 해도 책 내용을 제대로 이해할 수 없었고, 학교 수업을 따라가기도 무척 버거웠지요. 또한 자신의 생각을 글로 표현하는

것이 쉽지 않았다고 해요. 머릿속에는 생각이 가득한데, 이를 글로 옮겨 쓸 수가 없었던 것이지요.

이후 다양한 검사를 통해 확인해 보니 찰스 슈왑은 '난독증'이라는 장애를 가진 것으로 확인되었어요. 난독증은 지능에는 문제가 없지만 언어 활동, 특히 읽고 쓰는 데 어려움이 있는 장애랍니다. 난독증인 사람들은 책을 보면 글자가 섞여 보이기도 하고, 단어의 의미를 전혀 다른 것으로 바꾸어 해석하기도 하는 특징이 있답니다.

이러한 난독증을 가진 찰스 슈왑이 공부를 잘하기란 무척 어려운 일이었어요. 책을 보려고 해도 내용을 제대로 이해할 수 없었고, 자신의 생각을 글로 표현하려고 해도 제대로 표현할 수 없었기 때문이지요.

하지만 찰스 슈왑은 수학에서 매우 뛰어난 실력을 보였어요. 글을 읽고 쓰는 데는 어려움이 있었지만, 숫자를 가지고 하는 공부는 글을 읽고 쓰는 것보다 훨씬 수월했기 때문이지요. 그래서 찰스 슈왑은 자신의 이러한 강점을 꾸준히 발전시켜 나갔어요.

마침내, 자신의 약점을 극복하고 강점을 살려 스탠포드 대학의 경제학과에 진학하게 되었어요. 대학에 입학한 후에도 여전히 영어나 프랑스어 같은 언어 과목들은 찰스 슈왑을 괴롭혔고, 다른 학생들보다 낮은 성취를 보일 수밖에 없었어요. 하지만 슈왑은 이에 좌절하지 않고 자신이 잘하는 영역, 즉 숫자를 이용하는 수학이나 경제학을 열심히 공부했답니다. 그렇게 자신의 강점과 약점을 파악하고 자신이 잘할 수 있는 것에 보다 많은 에너지를 집중함으로써 무사히 대학을 졸업할 수 있었어요.

대학을 졸업한 뒤, 슈왑은 회사를 세웠어요. 그리고 이내 그 회사는 많은 수의 직원을 거느린 미국의 유명한 증권사가 되었어요. 그의 회사는 세계에서 존경받는 20대 기업에 선정되었고, 미국에서 가장 일하기 좋은 회사로 손꼽히고 있답니다.

난독증이라는 장애를 가진 슈왑이 어떻게 해서 이렇게 훌륭한 회사를 차리고, 유명한 CEO가 될 수 있었을까요? 사실 슈왑은 지금도 글을 읽고 쓰는 일을 여전히 힘들어한다고 해요. 즉, 난독증이 해결되어 성공할 수 있었던 것은 아니라는 것이지요. 슈왑은 적극적인 노력으로 자신의 어려움을 극복할 수 있는 여러 가지 방법을 찾았답니다. 하나의 예를 들면, 슈왑은 글을 읽을 때는 반드시 소리를 내어 읽고, 글을 쓸 때는 컴퓨터 음성 인식 프로그램을 이용해서 쓴다고 해요.

아무리 노력해도 난 할 수 없을 거라는 생각, 난독증이 있기 때문에 성공할 수 없을 것이라는 생각을 가졌다면 아마도 지금의 슈왑은 없을 것입니다. 슈왑은 자신의 한계를 인정하고, 이를 극복할 수 있는 방법을 적극적으로 찾아 나섰어요. 또한 자신이 가진 강점은 최대한으로 살리기 위해 노력했지요. 슈왑의 성공은 바로 이러한 피나는 노력이 있었기에 가능했던 것이지요.

 ## 두 배로 노력했어요

자신이 어떻게 성공할 수 있었는지에 대해 슈왑은 다음과 같이 이야기했다고 합니다.

"난독증이라는 학습 장애가 있었기 때문에 저는 다른 사람들보다 두 배나 많이 집중했으며, 노력을 기울였습니다. 사실 저는 글을 읽을 때 각기 다른 철자들을 조합해 하나의 단어로 파악하지 못합니다. 하지만 특정 분야에 집중하고 몰두하는 일에서는 그 누구에게도 뒤처지지 않을 자신이 있습니다."

우리는 슈왑의 말에서 슈왑이 자신의 강점과 한계를 명확하게 인식하고 있다는 것을 발견할 수 있어요.

자, 그럼 이제 다시 여러분의 이야기로 돌아와 봅시다. 여러분이 공부할 때 겪는 어려움에는 무엇이 있을까요? 여러분도 슈왑처럼 공부를 방해하는 요소를 가지고 있나요? 그렇다면 그 어려움을 극복하기 위해 어떻게 해야 할까요?

Question
스스로 생각해 보아요!

'어떻게 공부를 잘할 수 있을까요?'를 읽고, 이를 참고하여 슈왑이 어떻게 성공할 수 있었는지 성공 비결을 2개 이상 적어 보세요.

 플러스 tip +

슈왑의 성공 비결은 자신이 가진 강점과 한계를 명확하게 파악한 뒤, 강점은 최대한으로 살리고 한계는 극복하려는 노력을 꾸준히 해 왔다는 점에 있어요. 그렇다면 여러분은 어떤 강점과 한계를 가지고 있는지 생각해 본 뒤 아래에 적어 보세요. 그리고 그 한계를 극복할 수 있는 방법에 대해서도 써 보세요.

내가 선택한 길

훈이는 얼마 전부터 피아노 학원에 다니기 시작했습니다. 같은 아파트에 살고 있는 같은 반 친구와 함께 말이지요. 친구가 피아노 학원에 다닐 거라며 훈이에게 다니자고 한 것이지요.

그런데 훈이는 피아노를 그리 배우고 싶지 않았습니다. 사실 피아노보다 바이올린이 더 배우고 싶었지요. 바이올린 연주 소리가 정말 좋고, 주변에 바이올린을 연주하는 사람을 보면 무척이나 멋져 보였기 때문이에요. 하지만 바이올린보다는 피아노를 배우는 것이 음악을 배우고 연주를 하는 데 더 좋다는 친구의 말을 듣고는 그 말이 맞는 것 같아 피아노 학원에 같이 가기로 한 거예요.

그러나 막상 피아노 학원에 가서 피아노를 배우기 시작하니,

훈이는 너무 힘들고 지루했어요. 즐겁게 피아노를 치는 친구와는 달리 훈이는 금세 지치고 흥미를 느끼지 못했지요. 그러던 어느 날 친구의 생일 파티에서, 훈이는 어떤 친구가 바이올린을 연주하는 것을 듣게 되었어요. 그 모습을 본 훈이는 기분이 아주 울적해졌어요. 바이올린을 켜는 친구의 모습이 무척이나 멋져 보였고, 바이올린 연주 소리도 매우 아름답게 들렸기 때문이지요.

 후회하고 싶지 않아요

여러분도 훈이와 같은 경험을 해 본 적이 있나요? 어떤 행동이나 결정을 할 때는 깊게 생각한 뒤에 하는 것이 좋아요. 하지만 가끔씩은 우리가 무슨 일을 하고 싶은지, 무엇을 좋아하는지, 혹은 왜 하는지에 대해 깊게 고민하지 않는 경우가 있지요. 그래서 부모님이 시키는 대로, 혹은 친구들이 원하는 대로 아무 생각 없이 따라가게 되는 경우가 생긴답니다.

다시 말해, 주변 사람들에게 의지해 결정을 하거나, 자신이 결정을 내리는 것을 피하면서 생활하는 것이지요. 이런 경우, 우리는 미래에 대한 큰 기대나 결과에 대한 설렘을 가지기 힘들답니다. 당장은 괜찮을지 몰라도 언젠가는 훈이의 경우처럼 후회하며 아쉬워하는 일이 생기게 되지요.

주변 사람들의 뜻에 따라 결정을 하거나 자신이 결정하는 것을 피하는 학생들은 자신의 결정에 대해 불안감이 큰 경우가 많아요. '이것이 과연 최선일까?' '나중에 후회하는 것은 아닐까?'라는 생각에 결정을 내리는 것을 주저하거나 두려워하는 것이지요. 훈이 역시 마찬가지였어요. 자신은 바이올린을 배우고 싶었지만 피아노를 배우는 것이 연주에 더 도움이 된다는 친구의 말을 듣고 나서 그대로 따랐던 것이지요.

 스스로 선택해 보아요

자, 그럼 이제 자신의 모습을 돌아볼까요? 여러분은 자신을 믿고, 주저하지 않으며, 자기가 원하는 것을 하고 있나요? 내 일을 내가 결정할 수 있고, 그 결정에 기꺼이 책임을 지려는 용기를 가지고 있는지 확인해 봅시다.

만약 그렇지 않다면, 여러분은 부모님이나 친구들의 말에 의지해 결정을 하고, 결국 내 삶의 주인공 역할을 다른 사람에게 내주고 있는지도 몰라요.

자기 삶의 주인공이 되기 위해서는 스스로 결정하고, 그것을 잘 해낼 수 있다는 믿음과 용기가 필요하지요. 이를 위해서는 자신이 바라는 것이 무엇인지 알고, 우선순위를 스스로 결정해서 하나씩 성취해 갈 수 있는 힘이 필요해요. 바로 그 힘이 믿음과 용기의 원동력이 된답니다.

 ## 결정을 내릴 때는 어떻게 해야 할까요?

그럼 어떻게 해야 자신의 삶을 스스로 결정할 수 있을까요? 그 답은 바로 '자신의 마음을 유심히 들여다보는 것'이랍니다. 자신의 호기심, 흥미, 관심이 무엇인지 자세히 알아보는 것이지요.

내가 무엇을 할 때 나도 모르게 집중하는지, 시간 가는 줄도 모르고 즐기는 것은 무엇인지, 혹은 내가 주변 친구들보다 자신 있는 것은 무엇인지 스스로에게 질문해 보아요.

이런 질문을 함으로써 내가 무엇을 좋아하는지, 내가 무엇에 관심 있어 하는지 알 수 있답니다. 그리고 이는 부모님이나 친구가 말해 주는 것보다 좀 더 정확하게 내 모습을 반영하고 있지요. 자신의 마음에 귀를 기울이고, 이에 따라 결정하면서 생활을 한다면 어느덧 여러분은 진정한 자기 삶의 주인이 되어 있을 거예요.

결정을 한다는 것에 대해 부담감을 느끼는 친구들도 많이 있지요. 하지만 결정이라는 것이 꼭 위대하고 큰 것만을 의미하지는 않아요. 일상생활의 사소한 일부터 스스로 결정하는 연습을 해 보면 되는 것이지요. 예를 들어, 친구들과 연극을 보러 갈 때 친구의 말을 그대로 따르기보다는 직접 어떤 연극이 있는지 알아보고, 가장 관심이 가는 연극이 무엇인지 찾아보면서 내가 결정하는 것이지요.

이렇게 조금씩 나의 마음을 들여다보고 내가 원하는 것을 찾아가다 보면, 어느새 내 삶의 진정한 주인은 내가 되어 있을 거예요.

Question
스스로 생각해 보아요!

자, 이제 여러분의 마음을 들여다봅시다. 부모님, 선생님, 친구들의 생각과 다른 자신만의 독특한 모습을 찾아보는 거예요. 자신이 간절하게 원하는 꿈이나 바람도 좋아요. 어떤 이유에서 그것을 원하는지, 그리고 자신이 어떤 결정을 내리고 싶어 하는지도 적어 보세요.

 플러스 tip +

좋은 글귀 기억하기

"누구도 아닌 자기 걸음을 걸어라. 나는 특별하다는 것을 믿어라. 누구나 몰려 가는 줄에 설 필요는 없다. 설사 바보 같은 사람들이 비웃더라도, 자신만의 걸음으로 자신의 길을 가라."

― 영화 〈죽은 시인의 사회〉 중에서 ―

시간 도둑 잡기

여러분은 혹시 평소에 별로 한 일도 없는 것 같은데 시간이 훌쩍 지나가 버린 경험을 해 본 적이 있나요? 친구들과 밖에서 논 것도 아니고, 그렇다고 공부를 한 것도 아닌데 나도 모르게 시간이 그냥 훌쩍 흘러가 버린 경험 말이에요.

혹시 정말로 시간 도둑이 있어 내 시간을 몰래 가져가고 있는 건 아닐까요? 지원이도 요즘 시간 도둑 때문에 고민이라고 해요. 우리 한번 지원이의 이야기를 들어 볼까요?

 시간 도둑을 잡아 주세요

지원이는 오늘 기분이 별로 좋지 않아요. 왜냐하면 오늘은 성적표가 나오는 날이기 때문이지요. 집에 가서 실망하는 엄마, 아빠의 얼굴과 마주할 생각을 하니 기운이 쭉 빠지는 느낌이 들었어요. 친구들이 우르르 함께 PC방에 갈 때도 지원이는 놀고 싶은 마음을 꾹 누르고 집에 가서 숙제를 했고, 시험 기간에는 공부도 했는데 왜 성적은 이렇게 나왔을까요? 지원이는 잘 이해가 되지 않고 억울한 마음까지 들었답니다. 정말 시간 도둑이 있어서 지원이의 소중한 공부시간을 훔쳐 가고 있는 것일까요?

 완벽한 계획을 세웁니다

지원이는 공부를 할 때 항상 계획을 세우고 '시간표'에 맞춰 공부를 했어요. 아침 7시에 일어나서 30분 동안 씻고, 8시까지는 밥을 먹은 다음 학교에 가지요. 학교에서 돌아오면 3시부터 영어 공부, 5시부터는 수학 공부, 다시 저녁을 먹고 7시부터는 독서……. 지원이는 이렇게 완벽하게 시간표를 짰답니다. 1분 1초도 낭비하지 않고 시간표를 짜기 때문에 지원이의 생활에 시간 도둑이 끼어들 여지는 전혀 없어 보여요. 그렇다면 무엇이 문제였을까요?

바로 이 '완벽한' 시간표가 문제였던 것은 아닐까요? 너무도 빼곡하게 채워진 시간표는 애초부터 지키는 데 무리가 있었던 거예요. 계획을 세우고 시간표를 짤 때는 적당히 쉬는 시간도 만들고, 혹시 생길 수 있는 급한 일을 고려해서 여유 시간을 조금 남겨 놓아야 한답니다. 하지만 지원이는 너무도 완벽한 시간표를 만들어서 이 시간표대로 지키는 것이 너무 어려웠던 거지요. 빼곡하게 채워진 완벽한 시간표보다 중요한 것은 바로 여러분이 지킬 수 있는 현실성 있는 시간표라는 사실을 꼭 기억하세요.

 어떻게 할까요?

계획한 시간표에 따라 공부를 하는 것은 모든 학생에게 부담이 되는 일이고, 사실 그렇게 쉬운 일도 아니랍니다. 게다가 시간에 따라 계획을 세운 경우에는 어쩔 수 없는 사정으로 계획한 시간을 맞추지 못할 때 그다음 계획에까지 영향이 미치게 되고 이로 인해 전체 공부 계획이 틀어지게 되지요.

또한 공부의 효율 면에서도 좋지 않을 수 있어요. 좋아하는 과목을 공부하는 시간에는 무척 열심히 하지만, 싫어하는 과목을 공부하는 시간에는 대충 시간만 때울 수도 있기 때문이지요. 이렇게 되면 똑같이 2시간을 공부했다고 해도 공부한 양이나 내용에서 큰 차이를 가져오게 된답니다.

이처럼 시간을 중심으로 한 계획은 한계가 있어요. 그렇다면 이를 보완하기 위해 공부 분량으로 시간 계획표, 공부 계획표를 세워 보는 것은 어떨까요? '몇 시부터 몇 시까지' 혹은 '몇 시간 동안'이라는 말 대신 오늘은 영어 단어 20개, 숙어 10개, 수학 문제 20개를 푼다는 식으로 목표를 공부 분량으로 세우는 것이지요. 그다음 이러한 목표에 맞춰 시간을 나누어 계획하는 거예요. 이때 중요한 것은 혹시 주어진 시간 안에 다 하지 못할 경우를 고려해 그 부분을 보충할 수 있는 시간까지 계획표에 포함하는 것이랍니다. 만약 주어진 시간 안에 끝내면 그 보충시간은 나의 자유시간이 되는 것이고, 주어진 시간 안에 끝내지 못한 공부가 있으면 그 보충시간을 이용하는 것이지요.

이와 같이 공부의 양을 중심으로 계획을 세우면, 정해진 목표량을 가능한 한 빨리 달성하기 위해 보다 집중하게 되고, 그 결과 공부의 능률도 더 높아지는 결과를 얻을 수 있답니다.

그런데 이렇게 공부 분량으로 계획을 세울 때에 꼭 주의해야 할 점이 있어요. 바로 내가 할 수 있는 분량만큼 계획하는 것이지요. 한꺼번에 너무 욕심을 내서 해낼 수 없는 분량을 계획한다거나, 너무 적은 분량을 계획한다면 우리는 시간을 알차게 쓸 수 없어요. 그러므로 자신의 능력과 실력에 맞게, 자기가 할 수 있는 만큼만 계획에 포함시키는 것이 중요하답니다.

Question
스스로 생각해 보아요!

'시간 도둑 잡기'를 읽고, 이를 참고하여 '공부의 양'이 아닌 '시간'으로만 나눈 '시간표'가 좋지 않은 이유를 2개 이상 적어 보세요.

플러스 tip +

1. 자신이 하루 중 쓸 수 있는 시간이 언제인지 확인했다고 해서 바로 시간표를 계획하는 것은 좋은 방법이 아니랍니다. 시간표를 계획하기 전, 그 시간에 무슨 과목을 얼마만큼 공부할지 먼저 정하는 것이 좋지요. 내가 내일 하루 동안 공부하고 싶은 과목의 분량을 아래 표에 적어 보세요.

수학	문제집 3장 풀기

2. 1에서 공부할 과목과 양이 정해졌다면, 이제 시간표를 그려 보세요. 위에서 적은 공부 분량을 시간표에 적당히 나누어 넣어 봅시다. 반드시 휴식시간도 포함해 시간표를 짜야 한다는 사실을 잊지 마세요.

공부 잘하는 것은 타고나는 것일까요?

 ## 천재는 노력하는 사람을 따라잡을 수 없다

앤더스 에릭슨(Anders Ericsson) 박사는 성공과 노력에 대해 연구했어요. 지금까지 아주 뛰어난 성과를 거두었거나 훌륭한 업적을 남긴 사람들에 대해서 어떻게 그러한 결과를 이루어 냈는지 조사를 한 것이지요. 조사 결과는 어떻게 나왔을까요? 뛰어난 업적을 남기고, 전 세계적으로 성공한 사람들은 천부적인 재능을 타고 났던 것일까요? 그들은 원래부터, 태어날 때부터 아주 우수한 사람이었을까요?

결과는 이러한 짐작과는 완전히 달랐어요. 앤더스 박사의 결론은, 뛰어난 사람이 누구든 그들이 자신의 분야에서 최고의 자리에 오르는 데에는 누구라도 예외 없이 몇십 년이 걸렸다는 거였지요. 즉, 원래부터 뛰어난 능력을 가지고 있었다기보다는 몇십 년에 걸친 노력으로 뛰어난 성과를 거두었다는 것입니다.

이 결과는 어느 분야든 마찬가지였어요. 수학, 과학, 음악, 수영, 테니스, 문학 등 어느 분야의 누구라도 예외없이 최소한 10년 정도의 고된 준비 기간을 거친 뒤에야 위대하다고 불릴 만한 수준에 이르렀다고 해요.

따라서 "전문가와 평범한 사람의 차이는 더 높은 성과를 내기 위해 노력해 온 기간에 좌우된다."라는 결론을 내리게 되었답니다. 최고 수준의 성과를 내는 사람들이 평범한 사람들과 다른 점은, 바로 10년 이상 자기 분야에서 훈련해 왔다는 사실뿐이었습니다.

그렇다고 해서 이 말이 모든 사람이 10년 이상만 열심히 노력하면 그 분야의 최고가 되고, 높은 성과를 낼 수 있다는 의미는 아니랍니다. 무조건 열심히 하는 것보다 중요한 것은 계획적이고 체계적인, 그리고 꾸준한 연습이지요.

연습해 보아요!

여러분도 꾸준한 연습을 통해 최고의 결과를 낳을 수 있답니다. 그런데 이러한 연습에는 반드시 계획이 필요하지요. 피아노를 전혀 칠 줄 모르는 사람이 무작정 피아노 앞에 가서 건반을 두드린다면 어떻게 될까요? 그 사람은 10년을 노력한다고 해도 피아노를 잘 치지 못할 수 있어요. 연습은 기초부터 체계적이고 계획적으로 이루어져야 하는 것이지요.

그리고 연습을 할 때는 자신의 문제점을 지속적으로 돌아보는 과정이 필요해요. 훌륭한 성과를 이루어 낸 사람들을 보면, 자신이 잘 못하는 특정 부분만 따로 떼어내서 그 연습에 집중했다고 해요. 그 부분의 실력이 향상된 후에야 다음으로 넘어가는 것이지요.

여러분의 경우도 마찬가지랍니다. 자신의 문제점, 개선점에 대해 돌아보지 않고 무작정 연습만을 계속한다면 실력은 나아질 수 없어요. 피아노를 예로 든다면, 곡을 연주할 때 어느 부분에서 계속 틀리는지, 그 이유는 무엇인지, 어떻게 하면 좀 더 잘 칠 수 있을지에 대해 고민하고, 그 부분을 집중적으로 연습하는 거예요.

또한 매일매일 빠짐없이 반복적으로 연습하는 것도 중요하답니다. 좋은 성과를 내는 사람들은 수없이 반복적으로 연습을 한다는 특징이 있어요. 예를 들어, 피겨요정 김연아 선수는 1년 365일 중 360일을 연습하고, 홈런 타자 이승엽 선수는 하루도 빠짐없이 배팅 연습을 한다고 해요. 이미 최고의 자리에 있지만 아직까지도 지속적으로 반복해서 연습을 하는 것이지요.

마지막으로, 연습을 할 때는 다른 사람들의 생각이나 충고에 귀를 기울여야 해요. 물론 매일매일 꾸준히 연습하다 보면 실력이 나아질 가능성이 높아요. 하지만 나 자신이 아니라 다른 사람들의 이야기를 들어보면 내 실력에 대한 보다 정확한 판단이 가능해진답니다.

그래서 가끔씩 다른 친구들이나 선생님, 전문가의 조언을 듣는 것이 필요해요. 혹시 지금 내가 잘못된 방법으로 계속 연습하고 있지는 않은지, 좀 더 발전하려면 어떻게 해야 하는지에 대해 알아보는 것이지요.

이러한 연습 과정은 때론 너무 고되고 힘이 들 수도 있어요. 특히 자신이 잘 못하는 부분만 집중적으로 연습하는 것은 무척이나 버거운 일이기도 하지요. 하지만 이러한 과정은 누구에게나 똑같을 거예요. 중요한 것은 그 과정을 얼마나 잘 참고 견디면서 할 수 있는가 아닐까요? 어떤 사람들은 이때 지레 포기하고 그만두기도 하지요. 바로 그것이 성공한 사람과 그렇지 못한 사람들의 차이입니다. 인내하는 자세로 지금 당장의 어려움을 견디고, 조금 더 나아지기 위해 하루하루 꾸준히 노력해 온 사람만이 성공할 수 있었다는 사실을 꼭 기억하세요.

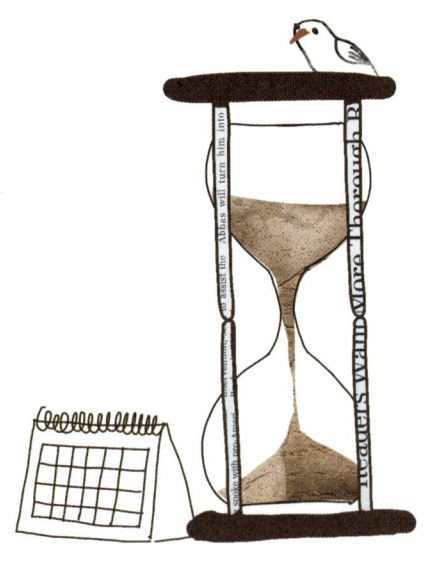

Question
스스로 생각해 보아요!

'공부 잘하는 것은 타고나는 것일까요?'를 읽고, 이를 참고하여 연습 계획과 연습이 필요한 이유를 2개 이상 적어 보세요.

플러스 tip +

여러분이 공부할 때, 또는 생활에서 연습 계획과 실제 연습하기를 어떻게 적용해 볼 수 있는지 아래 표에 적어 보세요.

수학 공부	· 수학 문제를 풀어 보고 제일 못하는 부분을 찾은 다음에 그와 관련된 문제집 풀어보기 · 이해가 잘 안 되는 부분은 선생님께 물어보기 · 완전히 이해되고 잘할 수 있을 때까지 반복하기

집중해서 공부해요

여러분은 혹시 공부를 할 때 집중이 잘 되지 않아서 힘들었던 적이 있나요? 책상에 3시간이 넘게 앉아 있었던 것 같은데 계속 딴 생각만 하고 정작 공부한 시간은 30분도 채 되지 않은 경우, 우리는 집중력을 키우고 싶은 마음이 들지요. 사실 공부를 스스로 잘하기 위해서는 '집중력'이 중요하답니다. 집중력이 좋은 사람들은 짧은 시간에도 많은 양의 공부를 할 수 있어요. 따라서 공부를 하는 데 비교적 시간이 덜 걸리고, 같은 시간을 공부하더라도 다른 사람들보다 더 많은 양을 공부할 수 있지요. 그렇기 때문에 공부를 할 때에는 무작정 책상 앞에 앉아 있는다고 해서 좋은 성적을 받는 것은 아니라는 사실을 기억해 두어야 해요. 집중력을 발휘해 효율적으로 공부하는 자세가 필요하지요. 지금부터 어떻게 하면 집중력을 높일 수 있을지 알아볼까요?

 ## 집중력이란 무엇일까요?

우리는 주변에서 흔히 '집중력을 길러야 한다.'는 말을 듣곤 하지요. 선생님이나 부모님께서는 항상 입을 모아 '집중력이 중요하다.'고 말씀하

신답니다. 그렇다면 집중력이란 도대체 무엇일까요?

집중력이란 간단히 말하면 주어진 과제나 일을 제시간에 끝내는 능력이라고 할 수 있어요. 예를 들어, 5분 정도면 풀 수 있는 문제를 30분이나 걸려서 푸는 사람은 아마도 집중력이 부족한 사람이겠지요.

또한 내가 해야 할 일에만 온 마음을 쏟는 것도 집중력이라고 할 수 있어요. 공부를 한다고 책상 앞에 앉아 눈은 수학 문제를 보고 있지만 마음속에는 어제 친구와 했던 게임, 오늘 저녁에 먹은 과자 등 갖가지 생각이 떠오를 수 있어요. 사실, 공부를 하다가 여러 가지 다른 생각이 떠오르는 것은 어쩌면 당연한 일이라고 해요. 우리의 머릿속에는 여러 가지 생각이 저장되어 있기 때문에, 한 번에 완벽하게 하나의 생각에만 집중하는 것은 어렵다는 것이지요. 하지만 최대한 딴 생각을 적게 하고, 지금 하고 있는 일에 몰두할 수 있도록 집중력을 키우는 것이 중요해요.

이 같은 집중력은 연습이 필요하답니다. 만약 공부를 하는 중에 다른 생각이 들어서 공부에 집중할 수 없다면, 일부러 혼잣말로 '그 생각은 공부를 다 마치고 하자.'라며 자신을 다독여 보는 것은 어떨까요?

집중력을 높여 주는 장소가 있다고요?

여러분은 혹시 어떤 상황에서 집중력이 잘 발휘되나요? 어떤 친구들은 조용한 실내에서 공부할 때 집중이 잘된다고 하고, 또 어떤 친구들은 햇살을 받으며 야외에서 공부할 때 더 공부가 잘된다고도 하지요. 이처럼 집중이 잘되는 장소는 사람마다 다를 수 있어요. 그렇다면 이번에는 집중력을 높이는 장소에 대해 알아볼까요?

집중력을 연구하는 학자들의 연구 결과에 따르면, 공부하는 장소가 바뀔 때보다 같은 장소에서 공부를 할 때 집중력이 높아진다고 해요. 장소가 바뀌면 그곳에 적응하고 새로운 환경을 인식하기 위해 에너지를 쓰게 되고, 그러면 집중력이 조금 떨어질 수 있답니다. 따라서 일단 공부를 할 때는 정해진 장소에서 꾸준히 하는 것이 좋아요.

또한 일반적으로 조용한 장소에서 공부할 때 집중력이 높아진다고 해요. 너무 시끄러운 장소에 있으면 소음 때문에 집중이 힘들어지지요. 요즘에는 휴대폰이나 태블릿PC를 통해 대중가요를 들으며 공부하는 친구들이 많아졌는데, 사실 집중력을 발휘하는 데는 그리 좋지 않은 습관이니 조금씩 고쳐 나가는 것이 좋아요.

마지막으로, 공부하는 장소가 깨끗하게 정리되어 있으면 집중력이 보다 잘 발휘된답니다. 책상 위에는 공부할 책과 노트, 연필 정도만 있는 것이 좋지요. 책상 위에 다른 장난감이나 게임기 같은 것들이 있으면, 아무래도 자꾸 딴생각을 하게 되고 공부에 집중하기가 어려워지기 때문이랍니다.

자, 지금까지 집중력을 높여 주는 장소에 대해 알아보았어요. 여러분의 공부방 모습은 어떠한지 한번 떠올려 보세요. 집중을 방해하는 환경은 아니었는지 생각해 보고, 만약 그렇다면 집중력을 발휘할 수 있는 공간으로 바꿔 보아요.

'집중해서 공부해요'를 읽어 보았나요? 집중력에 대해 새로 알게 된 사실이나 인상 깊었던 점이 있다면 아래에 적어 보세요.

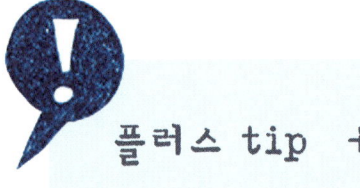

앞서 우리는 집중력을 높일 수 있는 환경에 대해 살펴보았어요. 자, 이제 여러분의 공부방과 이를 비교해 보세요. 그리고 여러분의 공부방에는 어떠한 점이 부족한지 적어 보고, 이를 바꾸기 위해서는 어떻게 해야 할지도 적어 보세요.

행복 공부 비법 1

 우리 함께 읽어 보아요~~

스키너 상자

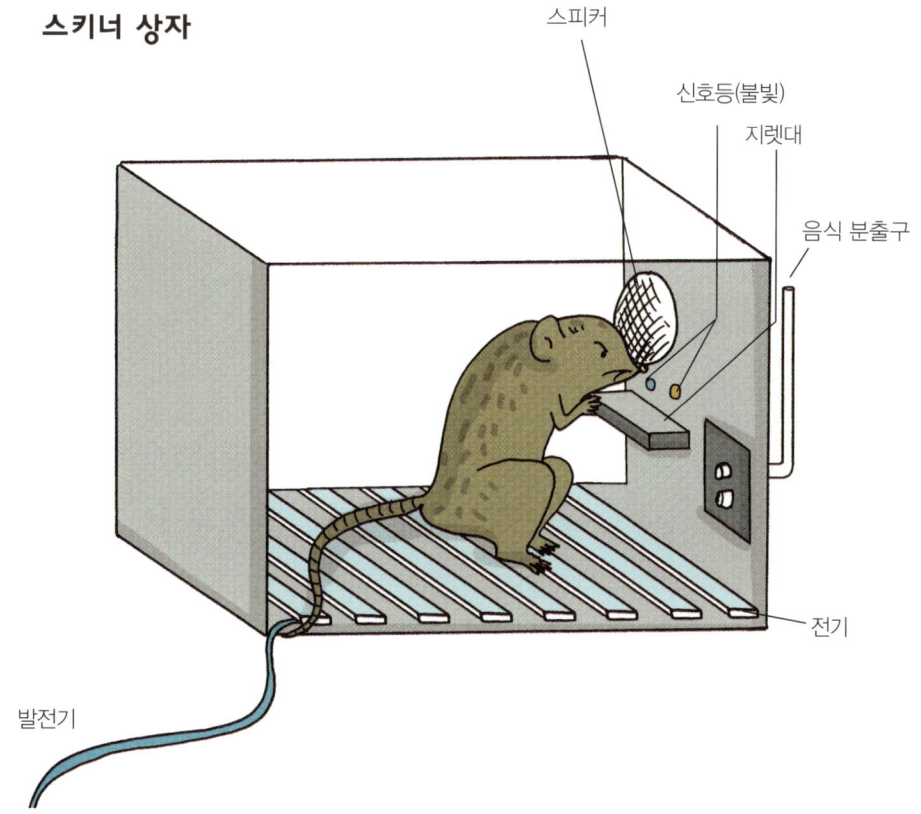

재미있는 실험 이야기를 하나 볼까요? 미국의 대표적인 심리학자인 스키너(B.F. Skinner)의 실험이지요. 스키너는 주로 동물을 이용한 실험을 많이 했는데, 그가 한 실험 중 가장 잘 알려진 것

행복 공부 비법 1　**169**

이 바로 쥐와 지렛대를 활용한 실험이랍니다. 실험의 내용은 다음과 같아요.

스키너는 우선 조그만 상자를 만들어 쥐를 그 상자 안에 집어넣었어요. 그런데 사실, 상자에는 독특한 장치가 숨겨져 있었어요. 상자에 미리 지렛대를 설치해서 쥐가 지렛대를 누르면 먹이가 나오도록 만든 것이지요.

상자 속에 들어간 쥐는 처음에는 상자 안 여기저기를 돌아다녔어요. 그러다가 우연히 또 지렛대를 눌렀고, 먹이가 나오는 것을 알게 되었지요. 쥐는 당연히 기분 좋게 먹이를 먹었겠지요? 그리고 또 상자 안을 돌아다니다가 또 우연히 지렛대를 누르고, 다시 먹이를 먹고……. 이러한 과정이 몇 번 반복되자 이제 쥐는 지렛대를 자꾸 누르기 시작했대요. 지렛대를 누르면 먹이가 나온다는 사실을 알게 된 것이지요.

여러분은 스키너의 실험을 보고 어떤 생각이 들었나요? 사실 여러분이 매일 같이 하는 일상생활 역시 이와 크게 다르지 않다는 생각을 하지는 않았나요? 혹시 '내가 쥐랑 같단 말이야?'라고 싫어하는 학생들도 있을 수 있지만, 기분 좋은 결과가 주어지는 행동을 더 자주 하게 된다는 점에서만은 사람과 쥐의 차이가 없지요.

예를 들어 봅시다. 만약 여러분이 알람시계를 잘못 맞춰 평소보다 아침에 일찍 일어났다고 생각해 보세요. 아마도 자연스레 학교에 일찍 가게 되겠죠? 교실에 가 보니 다른 친구들은 아직 아무도 오지 않았고, 오로지 담임선생님만 계셨어요. 그래서 선생님과 이야기를 하다가 우연히 마음속의 고민을 털어놓았고, 그 상담으로 마음이 가벼워졌어요. 또한 담임선생님과 더 가까워진 것 같아 기분도 좋아졌지요. 그리고 며칠이 지나, 우연히 학교에 또 일찍 가게 되었어요. 이번에도 담임선생님과 즐겁게 이야기를 나눌 수 있었지요. 부지런하다는 칭찬도 들었고요. 아마도 이런 경험이 반복되면, 여러분은 더 이상 우연이 아니라 일부러 알람을 일찍 맞춰 놓고 학교에 일찍 가게 될지도 몰라요.

공부는 어떨까요?

그렇다면 많은 학생이 힘들어하는 공부는 어떨까요? 즐거운 결과가 주어지기 시작하면, 공부도 자꾸만 더 많이 하고 싶어지지 않을까요?

예를 들어, 영어 공부를 평소보다 조금 더 열심히 했을 뿐인데, 점수가 많이 올라서 부모님께 칭찬을 들었다고 해 봅시다. 아마도 처음에는 이번 시험에서 운이 좋았다고 생각할 거예요. 하지만 얼마 지나지 않아 또 시험에서 좋은 결과를 얻는다면 어떻게 될까요? 이러한 경험이 반복될수록 우리는 '공부를 조금 더 열심히 했을 뿐인데 성적도 많이 오르고 부모님께 칭찬까지 받을 수 있구나. 이제부터 계속 공부를 조금씩만이라도 더 열심히 해야겠다.'라고 생각하게 되겠지요. 이처럼 부모님의 칭찬을 받기 위해 공부를 더 열심히 하는 것과 마찬가지로, 사람들은 기분 좋은 결과가 주어지면 그 결과를 얻기 위해 같은 행동을 반복하는 경향이 있답니다.

자, 그러니까 무조건 공부가 싫은 친구들은 다시 한 번 곰곰이 생각해 보세요. 여러분을 기분 좋게 하는 것은 부모님의 칭찬이나 시험 성적 말고도 수없이 많을 테니까요. 그리고 이를 통해 공부의 진정한 즐거움을 알아갈 수 있답니다.

구체적으로 여러분의 즐거운 경험과 학습을 연결해 보는 것은 어떨까요? 여러분이 공부를 할 때 무엇을 얻으면 가장 좋을지 한번 생각해 보세요. 그리고 그 즐거움을 얻기 위해 노력해 보는 것이지요. 자신이 기대했던 즐거움의 경험이 자꾸만 쌓여 가면 공부 자체가 즐거워질 거예요. 그럼 놀랍게도 계속 공부하고 싶어질 겁니다. '설마 그럴 리 있겠어?'라고 생각하는 학생들도 많겠지만, 일단 한번 시도해 보세요. 그러면 아마 자연스럽게 깨달을 수 있을 거예요. 어느새 공부를 잘하게 되는 것은 물론이고요!

> **Question**
> ## 스스로 생각해 보아요!

자신이 공부를 하면서 즐거웠던 적이 언제였는지 생각해 보세요. 그리고 생각난 것을 아래 빈칸에 적어 보세요. 몰랐던 수학 문제를 혼자 해결했을 때, 혹은 열심히 예쁘게 필기한 노트를 칭찬받았을 때 등 여러 경우가 있을 거예요. 이런 경험을 자꾸 되새기다 보면, 공부가 점점 더 즐거워질 거예요.

1. _____

2. _____

3. _____

4. _____

5. _____

행복 공부 비법 1

플러스 tip +

여러분의 친구들을 인터뷰해 보세요. 공부할 때 즐거웠던 이유는 각자 다를 수 있어요. 여러 친구들에게 물어보고, 다양한 경험을 아래 빈칸에 적어 보세요. 공부할 때의 즐거움을 더 많이 발견할 수 있을 거예요.

	이름	나는 공부할 때 ( )해서 기분 좋았어요.
1		
2		
3		
4		
5		

행복 공부 비법 2

 공부가 하기 싫어요

화창한 일요일, 연재가 아침부터 짜증을 내고 있네요. 주말인데도 해야 할 일이 많기 때문이지요. 영어 숙제도 해야 하고, 수학 시험 공부도 해야 하고, 미술시간에 완성하지 못했던 그림도 그려야 하고……. 연재는 과연 이것들을 다 할 수 있을지 걱정도 되고, 주말인데 쉬지 못해 화가 나기도 했어요. 그래서 그런지 숙제를 하기가 더욱 싫어졌지요. 책을 펼쳐도, 그림 도구를 늘어놓아도 도무지 할 마음이 생기지 않았어요.

또한 동생과 형은 영화를 보러 나갔다는 사실에 연재는 더욱 속상해졌어요. 동생과 형은 평일에 미리 숙제를 다 해 놓았기 때문에 주말에 영화를 볼 수 있었던 거지요. 연재도 꼭 보고 싶은 영화였지만 할 일이 많

행복 공부 비법 2 **175**

아서 갈 수가 없었답니다. '진작 좀 해 놓을 걸.'이라는 후회가 들기 시작했지만, 이미 늦어버린걸요.

 여러분은 어떠세요?

여러분 중에도 연재와 비슷한 경험을 한 학생이 있나요? 해야 할 일은 많은데 평일에는 계속 미루다가 주말에 안절부절못한 경험 말이에요. '국어 숙제를 해야 하는데······.' '다음 주에 있을 시험 공부를 해야 하는데 하기 싫어.' 이런 생각을 하며 평일을 보내다 보니, 어느새 주말이 되어 버린 것이지요. 그래서 정작 주말에는 가족과 외식도 못하고, 친구들과 놀러 가지도 못하고, 집 안에서 책만 붙잡고 불편한 기분을 느끼게 되는 거예요.

그럼, 이런 속상한 일이 생기지 않도록 하려면 평소 어떻게 해야 할까요? 가장 중요한 것은 모든 일을 주말로 미루는 습관을 고치는 것이겠지요? 하지만 말이 쉽지 실천하기가 어렵다는 사실을 여러분 모두 느끼고 있을 거예요.

이럴 때는 '즐거운 주말 계획 세우기'가 도움이 된답니다. 우리가 할 일을 주말로 미룰 때에는 보통 '주말에는 학교도 안 가고 한가하니까 주말에 해야겠다.'라는 생각을 하기 때문인 경우가 많아요. 따라서 주말에 할 일을 미리 만들어 놓는다면, 더는 숙제나 공부를 미루기 힘들어지겠죠? 그런데 반드시 기억해야 할 것이 있어요. 주말 계획을 세울 때는, 자신이 가장 좋아하고 기다려지는 일을 계획해야 한다는 거예요. 그래야 주말을 생각하면서 평일에 해야 할 일을 미루지 않고 하는 것이 즐겁고 힘들지 않은 일이 될 테니까요.

월요일이나 화요일에 주말에 하고 싶은 일을 미리 계획해 보세요. '단짝 친구와 피자 먹으러 가기' '가족들과 놀이공원에 가기' '할아버지 댁에 놀러 가기' '좋아하는 게임하기' 등 평소 가장 하고 싶은 일을 주말 일정으로 미리 계획해 놓는 것이지요. 아침부터 밤까지 시간이 모자라도록, 하고 싶은 일을 꽉꽉 채워 계획을 세워 보세요. 그럼 즐거운 주말 계획을 생각하며, 평일에는 한결 신이 나는 기분으로 공부를 할 수 있을 거예요.

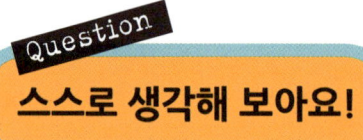

'행복 공부 비법 2'를 읽으면서 자신의 평소 주말은 어땠는지 생각해 볼까요? 여러분도 혹시 평소 미루었던 공부를 주말에 한꺼번에 하느라 힘들지 않았나요? 자신의 평소 주말 모습을 아래 빈칸에 적어 보세요.

플러스 tip +

공부를 즐겁게 만드는 주말 계획을 세워 보아요.

	날짜	시간	공부를 즐겁게 만드는 주말 계획
1	월 일	시 ~ 시	친구와 좋아하는 영화를 보러 간다.
2	월 일	시 ~ 시	
3	월 일	시 ~ 시	
4	월 일	시 ~ 시	
5	월 일	시 ~ 시	

날짜		시간	공부를 즐겁게 만드는 주말 계획
6	월 일	시 ~ 시	
7	월 일	시 ~ 시	
8	월 일	시 ~ 시	
9	월 일	시 ~ 시	
10	월 일	시 ~ 시	

공부, 잘하고 싶은데 안 되나요?

공부를 잘하고 싶은 마음은 엄청나게 많은데, 실제로 잘하기는 힘들다고요? 아마도 많은 친구들이 이와 같은 고민을 하고 있을 거예요. 사실 잘하고 싶다는 마음처럼만 된다면 우리가 이렇게 고민할 이유는 없겠지요. 그래서 여기에서는 공부하는 마음이 생기게 하는 법에 대해 이야기하고자 해요. "공부할 마음이 들다니요? 그게 가능한가요?"라고 묻는 학생도 있을 거예요. 그럼 일단 다음 글을 꼼꼼히 읽고 실천해 보세요. 자연스레 공부할 마음이 생기게 될 테니까요!

첫째, 빈둥거리지 말고 휴식을 취해요

빈둥거리는 것과 휴식은 뭐가 다를까요? 많은 학생들이 휴식이라고 하면 마냥 쉬는 것을 생각하지요. 하지만 그냥 쉬는 것은 사실 빈둥거림에 속하는 경우가 많아요. 진정한 휴식은 이전 공부에서 쌓인 피로감을 해결하고, 다음 공부를 위한 에너지를 충전하는 시간이 되어야 한답니다. 그래서 그냥 멍하니 있거나, 무작정 누워서 잠들어 버리는 것보다는 자신에게 좀 더 에너지를 줄 수 있는 휴식 방법을 생각해 보고 실천하는 것이 중요하지요.

둘째, 나의 목표를 주변 사람들에게 말해 보세요

자신의 목표를 다른 사람들에게 이야기하는 것은 그 목표를 달성하기 위한 좋은 방법이에요. 주변 사람들에게서 격려도 받을 수 있고, 다른 사람들에게 말을 해 놓았기 때문에 스스로 다짐하고 끝나는 경우보다 훨씬 더 많은 에너지를 얻을 수 있지요.

셋째, 친구들끼리 힘을 모아 공부해 보세요

친구들끼리 모여서 공부하는 것은 여러분에게 큰 도움이 된답니다. 서로 잘 모르는 부분을 도와가며 공부할 수도 있고, 공부할 내용을 분담하여 서로 설명해 주면서 보다 효율적으로 공부할 수도 있지요. 또한 내가 공부한 내용을 다른 친구들과 나누는 과정에서 그 내용을 다시 한 번 정리하는 기회도 가질 수 있답니다. 하지만 친구들끼리 모이다 보면 아무래도 자꾸 수다를 떠는 등 공부와 관련되지 않은 행동을 하게 될 가능성이 있어요. 그러므로 친구와 함께 공부할 때에는 이러한 행동들을 하지 않겠다고 서로 미리 약속하는 것이 좋겠지요?

넷째, 미래의 자신의 모습에 대해 적어 보세요

중학교에 가면 나는 어떤 모습일지, 대학을 졸업하면 어떤 사람이 되어 있을지 등 자신의 미래 모습을 노트에 적어 보는 거예요. 자신이 원하는 모습을 구체적으로 묘사할수록 그 효과는 더욱 커진답니다. 그리고 자신이 바라는 모습과 현재 모습이 얼마나 다른지 적어 보세요. 또한 어떻게 하면 그러한 다른 점들, 부족한 점들을 발전시켜 나갈지에 대해서도 생각해 보는 거예요. 아마도 이렇게 적다 보면 부끄러움을 느끼는 친구들도 있겠지만 우리에겐 노력할 시간이 많이 남아 있으니 힘을 내면 되지요. 가장 중요한 것은 지금부터 어떻게 하면 자신이 원하는 모습이 될 수 있을지를 고민하고, 실천하는 것이랍니다.

다섯째, 책상 위에 힘이 되는 말을 적어 보세요

공부를 하는 책상 위나 공부방 벽에 자신에게 힘을 줄 수 있는 말을 적어 놓는 것이 좋아요. 수시로 보면서 희망을 갖고, 의지를 다질 수 있기 때문이지요. 이때 '나는 할 수 있어.'와 같은 추상적인 말보다는 조금 더 구체적인 말이 도움이 된답니다. 예를 들면, 자신이 존경하는 인물이나 위인의 말 같은 것이 좋겠지요. 공부를 하다가 집중이 안 될 때나 의지가 약해져서 공부가 하기 싫어질 때 공부방에 붙여 놓은 힘이 되는 말들로부터 많은 에너지를 얻을 수 있을 거예요.

자, 공부를 하고 싶은 마음이 드는 방법에 대해 잘 살펴보았나요? 하지만 이 글을 읽는 것만으로는 여러분의 생활이 바뀌지 않아요. 이 방법들을 지금 당장 실천에 옮기는 것이 가장 중요한 일이겠지요?

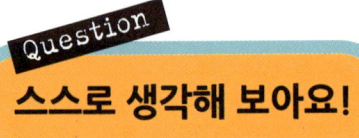

오늘 배운 방법 중에 자신에게 공부할 마음이 가장 많이 들게 한 방법은 무엇인가요? 왜 그 방법이 좋았는지 이유와 함께 적어 보세요.

플러스 tip +

앞에 제시한 방법 중 다섯 번째 방법을 조금 더 구체화시켜 봅시다. 여러분이 직접 책상 위에 붙여 놓을 포스터를 만들어 보는 거예요. 힘이 되는 말과 함께 자신이 좋아하는 사진이나 그림 등을 붙여 하나의 예쁜 포스터를 만들어 보세요.

슈바이처, 끈기와 추진력을 가르쳐 준 사람

 슈바이처는 어떤 사람인가요?

앨버트 슈바이처(Albert Schwizer, 1875~1965).

여러분 혹시 슈바이처에 대해 알고 있나요? 의사가 되어 아프리카로 가서 원주민들을 보살피는 데 평생을 바친 슈바이처 박사 말이에요. 아마도 많은 친구들이 위인전이나 주변 사람들의 이야기를 통해 슈바이처 박사를 접해 보았을 거예요. 오늘은 특별히 슈바이처 박사의 끈기와 추진력에 주목해서 이야기를 해 보려고 해요. 목사의 아들로 태어난 슈바이처는 어렸을 때 몸이 무척 약했다고 해요. 부모님의 정성스러운 보살핌으로 건강하게 자랄 수 있었지만, 슈바이처에게는 어렸을 적 자신이 아팠던 기억들이 남아 있었답니다. 이런 슈바이처에게 아프리카의 이야기는 정말 마음이 아픈 일이었어요. 병에 걸려도 병원에 가지 못하고 죽어 가는 사람들이 많다는 이야기는 슈바이처의 마음을 무척이나 슬프게 했지요.

대학 시절, 슈바이처는 굳은 결심을 하게 됩니다. 서른 살까지만 자신을 위해 공부하고 그 이후에는 아프리카 사람들처럼 힘없고 아픈 사람들을 도우며 인류를 위해 봉사하겠다는 위대한 결심이지요. 사실 이러한 생각이나 결심은 우리도 쉽게 할 수 있어요. 텔레비전이나 책을 통해 힘들고 어려운 사람들의 이야기를 접하면 돕고 싶다는 마음은 누구나 가질 수 있지요.

하지만 우리가 슈바이처 박사에게서 배울 수 있는 부분은, 바로 이러한 마음을 도중에 접지 않고 끝까지 밀고 나갔다는 점입니다. 아프리카 사람들을 위해 봉사하겠다는 결심을 끝내 지켜 낸 것이지요.

무엇 하나 부러울 것 없는 생활을 하던 슈바이처에게 아프리카로 가는 결정은 분명 쉬운 일은 아니었을 거예요. 자신이 태어난 나라에서 편안하고 여유롭게 살아갈 수 있는데 이 모든 것을 포기한 것이니까요.

또한 당시 아프리카는 지금보다도 훨씬 열악한 곳이었어요. 주변이 온통 사막이라서 물을 쉽게 얻지도 못하고, 전염병이 끊임없이 돌았답니다. 이 같은 지역으로 간다는 것은 아주 위험한 일이고 많은 용기가 필요한 일이었지요. 병에 걸린 사람들을 돌봐 주러 간다고 하지만, 열악한 환경 때문에 정작 슈바이처 자신의 목숨이 위험해질 수도 있었거든요. 그런데도 슈바이처는 자신이 세운 목표를 달성하기 위해 마침내 아프리카로 떠났어요. 자신과의 약속을 잊지 않고 끝까지 추진력을 가지고 밀

어붙인 것이지요.

　슈바이처는 아프리카로 가서 의료 봉사를 시작했어요. 비록 닭장을 수리하여 만든 초라한 병원이었지만 사람들은 계속해서 밀려왔어요. 근처에 의료 시설이 없기 때문에 2~3일을 걸어서 찾아온 사람도 있을 정도였지요. 병원을 운영해 나가는 것은 무척이나 고된 일이었어요. 좁고 누추한 병원에 사람들이 꾸준히 몰려들었고, 슈바이처는 그 속에서 낮에는 진료를 보고 밤에는 병원을 수리해야 했지요.

　그래도 슈바이처는 중간에 포기하지 않고 끈질기게 자신의 결심을 이루어 나갔어요. 그렇게 10년, 20년이 지나자 슈바이처의 노력이 세상에 알려지기 시작했지요. 이러한 슈바이처의 희생에 감동을 받은 사람들이 점차 도움을 주기 시작했고, 심지어 슈바이처와 함께 봉사를 하기 위해 찾아오는 사람들도 생겨났답니다.

　만약, 슈바이처가 어려움들을 극복하지 못하고 중간에 포기했다면 이렇게 많은 사람들이 아프리카를 돕지는 못했겠지요? 또한 수많은 아프리카 사람들이 병을 치료하지 못한 채 고통 속에서 살아가야 했을 거예요.

　자신의 결심을 이루기 위해 끈질기게 노력한 슈바이처의 추진력 덕분에 아프리카의 많은 사람이 건강한 미소를 다시 찾을 수 있게 되었답니다. 더불어 다른 사람들에게 진정한 봉사와 희생이 무엇인지 본보기가 되어 주었지요.

Question

스스로 생각해 보아요!

'슈바이처, 끈기와 추진력을 가르쳐 준 사람'을 잘 읽어 보았나요? 슈바이처 박사가 추진력 있게 자신이 세운 목표를 실천하기 위해 어떠한 노력을 기울였는지 적어 보세요.

플러스 tip +

신문 기사나 위인전, 인터넷 등을 참고하여 슈바이처처럼 자신의 목표를 달성하기 위해 추진력을 발휘한 사람들의 이야기를 찾아봅시다. 그리고 그들이 추진력을 발휘할 수 있었던 이유에 대해 생각한 뒤 적어 보세요.

시험의 세 가지 전략

여러분은 시험 성적표를 받고 나면 어떤 기분이 드나요? 혹시 '다음엔 잘 봐야지.' 하면서 구체적인 계획 없이 생각만 하고 있지는 않나요? 사실 시험을 잘 보기 위해서는 계획과 전략을 알맞게 세우는 것이 필요해요. 그럼, 지금부터 시험을 볼 때 어떠한 전략을 사용해야 하는지 함께 알아볼까요?

 시험을 보기 전에는 무엇을 할까요?

시험 공부를 하다 보면 외울 것들이 많이 생길 거예요. 물론 무조건적인 암기보다는 내용을 이해하는 것이 먼저이고, 보다 중요하지요. 하지만 시험을 잘 보기 위해서는 어느 정도 중요한 핵심 개념에 대해서는 암기하고 있어야 하는 경우가 많아요. 이럴 때 여러분은 어떻게 하나요? 혹시 무작정 쓰거나 읽으면서 내용을 외우고 있지는 않나요?

외워야 할 내용이 많거나 잘 정리되지 않을 때, 요점 정리 노트를 만들어 보는 것은 어떨까요? 그리고 틈틈이 이 노트를 보는 것이지요. 아무래도 자주 보게 되면 좀 더 쉽게 외울 수 있기 때문이랍니다.

여기서 유의해야 할 점은 노트를 열심히 만들기만 하면 안 된다는 거예요. 간혹 노트를 만드는 데 너무 많은 시간을 쓰는 친구들이 있어요. 그래서 정작 시험이 다가올 때까지 그 노트를 단 한 번도 들여다보지 못하는 경우가 생기지요. 요점 정리 노트를 만드는 이유는 언제든 간편하게 꺼내서 여러 번 반복해서 볼 수 있도록 하기 위해서랍니다. 그러니까 시험 기간에 급박하게 노트를 만들 것이 아니라 보다 일찍, 미리미리 노트를 만들어 놓고 자주 보는 것이 중요하지요.

 시험을 볼 때는 어떤 전략을 써야 하나요?

시험 전날에는 무조건 다음 날 볼 시험 과목에만 집중하는 것이 좋아요. 우선 전반적인 내용을 한 번 훑고 나서 자신이 잘 모르는 부분을 집중적으로 반복해서 보는 것이 효과적이지요. 그래야 자신의 부족한 부분을 메울 수 있고, 어느 곳에서 문제가 나오더라도 잘 풀 수 있게 되지요.

그렇다면 시험 당일에는 무엇을 해야 할까요? 우선, 평소보다 조금 일찍 일어나는 것이 좋아요. 시험 당일에 지각을 해서 허둥지둥하다 보면 시험을 잘 보기가 힘들지요. 또한 학교에 갈 준비를 마치고 잠시 여유를 내서 전날 공부했던 내용을 빠르게 훑어보는 것은 무척이나 큰 도움이 된답니다. 시험 전날에는 공부를 늦게까지 하는 것보다는 계획에 맞춰 공부를 하고 일찍 자고 다음날 일찍 일어나서 아침 시간을 여유롭게 쓰는 것이 더 능률적인 것이지요.

또한 학교 가는 버스 안, 교실에 들어간 후의 시간들도 알차게 쓰는 것이 중요해요. 이때는 교과서를 보기보다는 자신이 만들어 두었던 요점 정리 노트를 보면서 핵심 내용을 정리하는 것이 효과적이지요.

마지막으로, 시험을 보기 전에 주어지는 10분 동안의 쉬는 시간은 그 어느 때보다 큰 의미를 갖는답니다. 친구들끼리 모여서 이전 시험에 대해 이야기를 하는 것보다는 짧은 시간일지라도 집중력을 발휘하여 내용을 훑어보는 것이 좋아요. 우리의 뇌에는 워킹 메모리라는 공간이 있어서 금방 본 내용은 잊지 않고 바로 기억해 낼 수 있답니다.

자, 그럼 이제 본격적으로 시험지를 풀 때의 전략을 알아볼까요? 우선 시험지를 받으면 무작정 1번부터 보지 말고 전체적으로 한 번 훑어보는 것이 좋아요. 어떤 문제들이 나왔는지 대강 살피면서 시간 배분에 대해 생각해 보는 것이지요.

그렇다면 문제는 어떤 순서로 풀어야 할까요? 쉬운 문제부터 푸는 것이 좋을까요, 어려운 문제부터 푸는 것이 좋을까요? 사실 문제를 푸는 순서는 사람에 따라 각양각색이고 자신에게 맞는 방법이 친구의 방법과 다를 수 있어요. 하지만 일반적으로는 쉬운 문제부터 풀고 그다음에 어려운 문제를 푸는 것이 효과적이랍니다. 어려운 문제는 아무래도 틀릴 가능성이 높고, 그래서 높은 점수를 얻기 위해서는 내가 확실히 알고 있는 것부터 푸는 것이 효과적이기 때문이지요.

무엇보다 시험을 치를 때에는 실수하지 않는 것이 중요하다는 것을 절대 잊지 마세요. 아무리 열심히 공부를 했더라도 실수를 하면 모든 노력이 물거품이 되기 쉽답니다. 침착한 자세로 문제를 꼼꼼히 읽어야 하지요. 특히 '모두' '아닌' '맞는' '틀린' 등의 함정에 빠지지 않도록 이러한 단어들은 보다 집중해서 살펴볼 필요가 있어요.

마지막으로, 시험시간이 끝나기 5분 전에는 미처 풀지 못한 문제가 있더라도 그냥 두고 마무리를 하는 것이 좋아요. 시험지에 이름은 제대로 적었는지, 혹시 빠뜨리고 풀지 않은 문제는 없는지 살펴보는 시간을 갖는 것이지요.

 ## 시험이 끝났어요! 이제 뭘 하면 되나요?

많은 친구들이 시험이 끝나면 시험에 대한 모든 것을 잊고 놀기 바빠요. 하지만 가장 중요한 순간은 바로 시험이 끝난 때랍니다. 왜냐하면 이번 시험의 결과를 통해 우리는 나의 문제점이나 단점을 발견할 수 있기 때문이지요. 다음 시험에서 보다 나은 결과를 얻기 위해서는 이번 시험을 돌아보고 스스로 평가해 보는 시간을 반드시 가져야 한답니다.

또한 그냥 머릿속으로 생각하는 것보다는 종이에 직접 써 보면서 이번 시험을 돌아보는 것이 효과적이에요. 그래야 좀 더 정확하고 구체적으로 시험에 대해 살펴볼 수 있지요.

구체적으로 우선, 시험지를 살펴보면서 틀린 문제는 다시 한 번 점검해 볼 필요가 있어요. 실수를 해서 틀렸는지, 내가 몰랐던 부분이었는지를 정리하는 것이지요. 사실 정답을 맞히지 못한 이유에는 여러 가지가 있을 수 있어요. 그 이유를 분석하고, 이 과정에서 '오답 노트'를 만들어 틀린 문제를 정리해 두면 이후 공부를 할 때 큰 도움이 된답니다.

또한 틀린 내용에 대한 객관적인 분석과 함께, 자신의 소감이나 느낀 점, 반성할 부분을 함께 적어 두는 것이 좋아요. 다음 시험에 대한 다짐이 포함된다면 더욱 좋겠죠?

스스로 생각해 보아요!

오늘 배운 내용 외에 자신만이 가지고 있는 시험 전략이 있다면 적어 보세요. 잘 모르겠으면 친구나 부모님에게 물어보아도 좋아요.

플러스 tip +

자, 여러분도 최근에 본 시험을 분석해 볼까요? 한 과목을 정해 시험지를 꺼내고 틀린 문제의 번호를 적어 보세요. 그리고 표의 맨 윗 칸에 틀린 이유를 적고 해당하는 칸에 체크를 하는 거예요. 마지막으로 이번 시험에 대한 느낌도 적어 보세요. 혼자 하기 어렵다면 부모님이나 선생님의 도움을 받아도 좋아요.

시험일자 :		과목명 :		이름 :				
이유 번호	수업에 집중하지 않아서	공부를 하지 않아서	문제를 잘못 읽어서					
_번								
_번								
_번								
_번								
_번								
_번								
_번								
_번								
_번								
_번								
_번								
_번								

느낀 점 (칭찬, 격려, 소감 등)

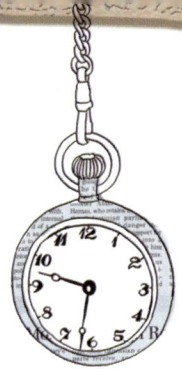

독해력 기르기

학교에 가면, 어떤 과목을 공부하든 항상 읽기가 필요해요. 국어시간 뿐만 아니라 수학시간이나 사회시간에도 글을 읽고 이해하는 것이 공부의 시작이자 끝이 되지요. 이는 우리가 배우는 모든 교과목의 책이 글로 쓰여 있다는 사실에서도 알 수 있어요. 그러므로 글을 읽고 그 내용을 이해하는 능력, 즉 독해력이야 말로 공부를 하는 모든 학생에게 필요한 기본적인 능력이지요.

이러한 독해력을 기를 수 있는 가장 훌륭한 방법은 바로 독서랍니다. 우리는 독서를 통해 세상에 대한 지식을 얻을 뿐만 아니라 글의 내용을 정확하고 빠르게 이해하는 방법까지 배우게 되는 것이지요.

그런데 사실 독서를 하려고 하면 마음처럼 쉽게 집중이 되지 않고, 글의 내용을 이해하기가 어려웠던 경험이 모두 있을 거예요. 아마도 다양한 이유가 있겠지만, 그중 하나는 책의 종류에 따라 읽는 방법을 달리하지 않았기 때문일 수 있답니다. 교과서를 읽을 때와 잡지책을 읽을 때, 신문기사를 읽을 때와 만화책을 읽을 때, 그 읽기 방법은 각각 다를 수밖에 없어요. 특히 교과서의 경우에는 더욱 집중하여 꼼꼼하고 자세하게 읽어야 한답니다. 그렇다면 교과서를 중심으로 어떻게 글을 꼼꼼하고 자세하게 읽을 수 있는지 그 방법에 대해 알아볼까요? 독해 전략에

200 Part 3. 자기주도성

는 다양한 것이 있지만, 여기에서는 'SQ3R'에 대해 소개하고자 해요. SQ3R이란 독서의 단계를 표현한 것으로, 훑어보기(Survey), 질문하기(Question), 읽기(Reading), 암송하기(Recite), 복습하기(Review)의 머리글자를 따서 만든 말이랍니다. 그럼 이제 각 단계에 대해 살펴볼까요?

 첫째, '훑어보기-S(Survey)' 단계

훑어보기란 본격적으로 독해를 하기 전에 전체 내용을 미리 살펴보는 거예요. 무작정 처음부터 글을 읽어 나가는 것이 아니라, 큰 제목이나 개요, 그림 등을 살펴보며 글의 내용을 미리 짐작해 보는 것이지요. 이 과정에서 앞으로 읽을 내용과 관련하여 내가 이미 알고 있는 지식은 무엇이며, 내용을 통해 무엇을 배울 수 있는지 생각해 보는 거예요. 특히 이 단계는 독서에 대한 부담감이 많아 쉽게 읽기를 시작하지 못하는 친구들에게 많은 도움이 된답니다. 아무런 부담 없이 그냥 훑어보면 되므로 똑바로 앉아서 볼 필요도 없고, 펜을 들고 읽을 필요도 없지요. "시작이 반이다."라는 말이 있는 것처럼 일단 이렇게 편안한 마음으로 읽기를 시작하는 것이 중요하답니다.

 ## 둘째, '질문하기-Q(Question)' 단계

두 번째는 질문을 만드는 단계예요. 책의 큰 흐름을 파악하고 난 뒤, 소제목들을 보면서 관련된 내용에 대해 스스로 질문을 해 보는 것이지요. 예를 들어, 큰 제목이 '바리데기'이고 소제목이 '바리데기의 모험'이라고 생각해 봅시다. 이런 경우 큰 제목을 보면서 '바리데기란 무슨 뜻이지? 사람 이름인가?'라는 질문을 생각해 볼 수 있지요. 또한 소제목을 보면서는 '바리데기는 언제, 어디서, 어떻게 모험을 했을까?'를 질문해 볼 수 있어요. 그런데 왜 이런 질문들이 필요할까요?

이렇게 질문을 만들어 놓고 책을 읽으면 어떤 부분이 중요한지 파악하기가 쉬워요. 그리고 내가 궁금한 부분을 해결하기 위해 좀 더 적극적으로 글을 읽어 나가게 되지요.

어찌 보면 혼자서 스스로에게 질문하는 것은 다소 어색할 수도 있어요. 하지만 질문은 항상 선생님이나 어른께 드리는 것만은 아니라는 사실을 기억하세요. 나 스스로에게 던지는 질문은 매우 큰 가치가 있답니다. 그러니까 이제부터는 질문을 먼저 하고 읽는 습관을 만들어 보아요.

 ## 셋째, '읽기-R(Reading)' 단계

세 번째 단계는 드디어 자세히 읽는 과정입니다. 하지만 단순히 책을

처음부터 자세히 읽는 것을 의미하는 것은 아니에요. 우리는 이번 단계에 오기 전까지 앞서 두 단계를 거쳤던 것을 기억해 볼 필요가 있어요. 즉, 이 단계에서는 앞 단계에서 전반적인 내용을 훑은 것과 자신이 만든 질문을 떠올리며 책을 읽어야 한답니다. 이전에 생긴 궁금증과 질문들에 대한 답을 적극적으로 찾아가며 책을 읽는 것이지요.

이때 주의해야 할 사항은 단락별로 나누어 읽고, 한 단락을 읽고 난 뒤에는 자신이 만든 질문에 대한 답을 찾았는지 점검해 보면서 읽어야 한다는 점이에요. 그리고 읽으면서 자신의 질문에 대한 답이 되는 부분은 표시해 두는 것이 좋지요.

넷째, '암송하기-R(Recite)' 단계

네 번째 읽기는 암송 단계로서, 다시 한 번 처음부터 읽으면서 앞 단계에서 찾은 질문의 답을 자신의 것으로 만드는 과정이에요. 하지만 암송하기 단계라고 해서 글 전체를 모두 외우라는 의미는 아니랍니다. 글 전체를 다 외우는 것은 무척 어려운 일이고, 오히려 부담감으로 다가와 읽기를 지레 포기해 버리는 결과를 가져올 수 있어요. 중요한 것은 자신의 질문에 대한 답을 중심으로 핵심어를 기억하는 거랍니다. 그리고 이후에 이 핵심어들을 중심으로 나머지 내용을 연결해서 기억하는 것이지요.

 ## 다섯째, '복습하기-R(Review)' 단계

다섯 번째 읽기는 복습 단계로서, 자신이 이해한 것을 점검하는 과정이라고 할 수 있어요. 그렇다면 자신이 이해한 것을 점검하기 위해서는 어떻게 해야 할까요?

내용을 완전히 이해했는지 확인하는 방법 중 하나는 훑어보기와 질문하기 단계에서 만든 질문에 대한 답을 확실히 찾았는지 알아보는 거예요. 또한 그 답들이 어떤 연관성을 가지고 있는지 검토하는 것도 좋은 방법이지요. 여러분은 이러한 과정을 통해 자기가 이 글의 내용을 얼마나 잘 이해하고 있는지 스스로 점검할 수 있게 되지요.

여러분 스스로 선생님이 되어 보는 것도 매우 좋은 방법이 될 수 있어요. 내가 선생님이 되었다고 생각하고, 지금까지 읽은 내용을 학생들에게 설명한다고 상상해 보는 거예요. 실제로 앞에 학생들이 있다고 생각하면서 소리 내어 내용을 요약해서 말해 보는 것이지요.

SQ3R의 각 단계에 대해 잘 읽어 보았나요? 이제부터 교과서나 책을 읽을 때 SQ3R 방법을 적용해 보세요. 평소에 이런 방식으로 책을 읽으면 독해력이 향상되어 공부를 하는 데도 많은 도움이 된답니다.

Question

스스로 생각해 보아요!

효과적인 독해 전략인 '독해력 기르기'를 잘 읽어 보았나요? 자, 이제 여러분이 오늘 읽어야 할 교과서나 책에 이 방법을 적용해 보세요. 어떤 글을 읽었는지 간단히 쓰고, 각 단계에서 어떻게 했는지 자세히 적어 보세요.

플러스 tip +

읽기 전략을 점검해 봅시다

SQ3R은 대표적인 읽기 전략의 하나로, 이 밖에도 수많은 읽기 전략이 있을 수 있어요. 자신의 독해 습관에 대해 떠올려 본 뒤, 향상시켜야 하거나 노력이 필요한 부분은 어떤 것이 있을지 적어 보세요.

· 책을 읽다가 중간에 이해가 안 되면 다시 앞으로 돌아가서 찬찬히 다시 읽어 본다.
· 책을 읽기 전에 항상 책을 읽는 목적을 미리 생각한다.

만점 노트 필기

공부를 할 때 여러분을 가장 어렵게 하는 것은 무엇인가요? 다양한 요인이 있겠지만, 많은 친구들이 수업을 들을 때는 선생님이 하시는 말씀을 잘 알아듣는데 수업이 끝나고 나면 무슨 이야기를 하셨는지, 또 내가 무엇을 배웠는지 잘 기억나지 않는다고 하지요. 그럼, 오늘은 어떻게 하면 수업시간에 배운 내용을 좀 더 오래 기억할 수 있을지에 대해 살펴보도록 해요.

 코넬 노트 필기법

정현이는 요즘 부쩍 어려워진 학습 내용을 따라갈 수가 없어서 고민이 많아요. 예전에는 수업 내용을 잘 이해할 수 있었는데 요즘은 수업이 끝나고 나면 무엇을 배웠는지 정리하기가 힘들다고 해요.

아무리 생각해도 이유를 알 수 없어서 정현이는 공부를 잘한다고 소문난 사촌 오빠에게 고민을 털어놓기로 했어요. 정현이의 고민을 가만히 듣던 사촌 오빠는 자신의 책상에서 노트 하나를 꺼내 정현이에게 보여 주었어요.

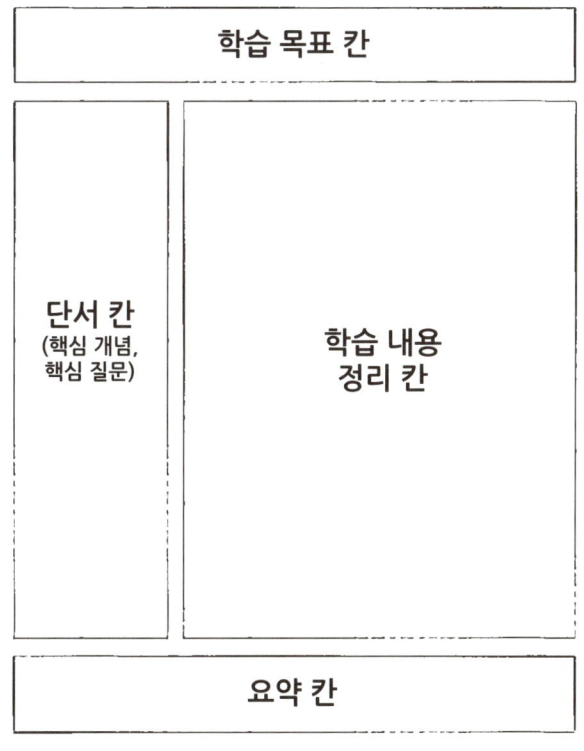

그것은 바로 '코넬 노트 필기법'에 따라 정리된 노트였어요. 정현이의 사촌 오빠도 정현이처럼 학년이 올라가면서 수업 내용을 따라갈 수 없어서 고민이 많았대요. 그러다가 학습 목표와 단서, 내용 정리, 요약 칸에 맞추어 정리하는 코넬 노트 필기법에 따라 수업 내용을 필기하다 보니 수업을 따라가기가 수월했다고 해요. 그럼, 코넬 노트 필기법에 대해 한 번 자세히 알아볼까요?

사실 노트 필기는 무척이나 힘들고 귀찮게 느껴질 때가 많아요. 선생님의 설명이나 수업 내용을 따라가기도 바쁜데 연필로 정리까지 해야 한다니 부담을 느끼는 친구들도 많지요. 하지만 처음에는 귀찮고 힘들어도 익숙해지면 여러분의 공부에 많은 도움을 줄 수 있답니다.

그럼, 코넬 대학에서 개발되어 전 세계적으로 쓰이고 있는 코넬 노트 필기법의 각 칸에는 어떤 내용이 들어가는지 살펴보도록 해요.

우선, 첫 번째 학습 목표 칸에는 그날 배운 내용의 목표를 기록합니다. 예를 들어, 광합성에 대해 배운다면 '식물의 광합성에 대해 이해하고 그 과정을 설명할 수 있다.' 정도로 학습 목표를 정리해 보는 것이지요. 이렇게 학습 목표를 정리해 두면 그날 수업의 핵심을 곧바로 알 수 있으므로 무척 도움이 된답니다.

두 번째 학습 내용 정리 칸에는 배운 내용을 정리하여 적어 둡니다. 선생님께서 설명해 주신 내용, 모둠 활동을 통해 알게 된 내용 등 수업시간에 배운 내용을 정리하는 것이지요. 이때 중요한 것은 대충 적는 것은 최대한 피해야 한다는 거예요. 나중에 다시 보았을 때 어떤 내용인지 기억할 수 있도록 최대한 꼼꼼하고 빠짐없이 기록하는 것이 좋지요.

세 번째 단서 칸에는 그날 배운 내용 중에서 가장 중요하다고 생각하는 것을 간추려서 기록합니다. 수업시간에 배운 내용은 모두 중요하지만 그래도 꼭 기억해야 할 내용과 핵심적인 개념을 뽑아 단서 칸에 간단히 정리하는 거예요. 이렇게 하면 수업의 큰 흐름을 알 수 있고 중요한 내용을 놓치지 않게 된답니다.

마지막으로 제일 아래에 있는 요약 칸에는 그날 배운 내용을 차근차근 정리하면서 전체의 내용을 한두 문장으로 요약하여 적습니다. 배운 내용을 정리하며 나만의 문장으로 만들어 보는 것은 내가 잘 이해하고 있는지 확인하는 과정이지요. 또한 내 생각을 말로 적게 되면서 더 오래 기억할 수 있는 장점도 있어요.

노트 필기의 중요성

코넬 노트 필기법에 대해 잘 살펴보았나요? 혹시 코넬 노트 필기법을 보면서 써야 할 내용이 너무 많아 놀란 친구들이 있지는 않나요? 도대체 왜 이렇게 꼼꼼히 노트 필기를 해야 하는지 궁금하다고요? 그렇다면 이제 이러한 노트 필기의 장점에 대해 살펴볼게요.

먼저, 노트 필기를 하면 수업 내용이 기록으로 남아요. 그래서 다음에 복습을 하거나 시험 기간에 공부를 할 때 무척 유용하지요. 또한 수업시간 당시에 잘 몰랐거나 이해되지 않았던 내용을 나중에 다시 보면서 차분히 이해할 수 있는 시간을 가질 수 있답니다.

또한 사람의 기억력은 한계가 있기 때문에 수업 내용을 기록해 놓는 것은 중요하답니다. 만약 새로 사귄 친구의 전화번호를 물어본 뒤에 적어 두지 않았다고 생각해 보세요. 일주일 후에는 아마 그 친구의 전화번호를 기억하기 어려울 거예요. 수업도 마찬가지랍니다. 새로운 내용을 배울 때, 그것을 모두 기억하기에는 우리의 기억력에 한계가 있어요. 그렇기 때문에 수업 내용을 꼼꼼하게 기록해 두면 잊어버리는 것을 막을 수 있지요.

노트 필기가 여러분의 공부를 도와주는 아주 훌륭한 도우미라는 사실을 이제 알게 되었나요? 자, 그럼 이제 여러분도 오늘부터 꼼꼼한 노트 필기를 시작해 보세요. 하지만 노트 필기도 하나의 공부 습관이고, 습관을 만들기 위해서는 시간이 필요하다는 사실을 꼭 기억하세요! 어떤 일이든지 처음에는 힘들고 어렵답니다. 하지만 이를 이겨 내면서 꾸준히 노력한다면 여러분도 어느새 노트 필기의 신이 되어 있을 거예요!

Question
스스로 생각해 보아요!

'만점 노트 필기'를 잘 읽어 보았나요? 그럼, 이제 코넬 노트 필기법에 들어가는 내용을 다시 한 번 떠올려 보세요. 친구에게 코넬 노트 필기에 대해 설명해 준다고 생각하면서 어떻게 말할지 적어 보세요.

플러스 tip +

코넬 노트 필기법 외에도 다양한 필기 방법이 있을 수 있어요. 중요한 것은 여러 방법을 해 보면서 자신만의 방법을 찾는 것이지요. 여기에서는 추가적으로 노트 필기를 도와줄 수 있는 tip을 소개하려고 해요.

1. 제목을 꼭 적습니다.

노트 필기를 할 때에는 제목을 꼭 적는 것이 좋아요. 무작정 수업의 내용부터 적는 친구들이 있는데 이렇게 되면 나중에 자신이 공부할 부분을 찾거나 큰 흐름을 정리할 때 어려움이 생길 수 있어요. 본격적인 필기를 시작하기 전에 단원명이나 수업의 제목을 먼저 적는 것이 좋지요. 더불어 제목 옆에 수업 날짜를 적어 두는 것도 좋은 방법이랍니다.

2. 빈자리를 남겨 둡니다.

노트 필기를 할 때에는 너무 빼곡하게 하지 않는 것이 좋아요. 가끔씩 빈자리를 남겨 두며 여유롭게 적는 것이 효과적이지요. 이렇게 빈자리를 남겨 두어야 나중에 복습을 하거나 시험 공부를 할 때 추가적으로 내용을 적기가 수월하기 때문이에요. 공부를 하다 보면 새롭게 적어야 할 내용이나 보충해야 할 내용이 생길 수 있어요. 이를 위한 공간을 조금씩 남겨 놓는 것이 진정한 노트 필기 고수의 비법이랍니다.

나도 이제 독서왕

여러분은 '책'이라고 하면 무슨 생각이 드나요? 혹시 부모님이나 선생님께서 늘상 하시는 말씀, 책을 많이 읽어야 한다는 말이 생각나지는 않나요? 우리는 주변으로부터 항상 책 읽기의 중요성에 대해 듣게 되지요. 책을 많이 읽으면 똑똑해지고 공부도 잘하게 되고, 나중에 어른이 되어서도 사회에 기여하는 훌륭한 사람이 될 수 있다고 말이에요.

하지만 아직 책을 읽는 것보다 운동장에서 축구를 하고, 친구들과 만나 이야기를 하는 것이 더 재미있고 신나는 친구들에게는 이 말이 정말 듣기 싫은 잔소리 중 하나일지도 모르겠어요. 그리고 텔레비전이나 인터넷을 통해서도 새로운 사실을 알 수 있고 지식을 쌓을 수 있는데 굳이 책을 읽어야 하는 이유에 대해 의문을 가지는 친구들도 있을 거예요.

자, 이런 생각을 하는 친구들이 있다면 한번 주목해 보세요. 여기에서는 책을 읽으면 어떤 점이 좋은지, 그리고 책을 읽을 때는 어떻게 읽는 것이 좋은지에 대해 함께 이야기해 볼 거니까요.

사실, 우리가 존경하는 위인들이나 성공한 사람들, 많은 사람에게 감동과 꿈을 주었던 사람들은 대부분 책을 좋아하고 사랑했답니다. 오늘은 그중에서도 세종대왕과 링컨에 대해 조금 자세히 이야기를 해 보려고 해요. 세종대왕은 조선을 대표하는 임금이라 할 수 있을 정도로 많은 업

적을 세웠지요. 한글 창제를 비롯하여 과학 발전, 농사 발전 등등에 힘을 써 백성들이 좀 더 즐겁고 편안하게 살 수 있도록 애쓰신 분이지요.

그렇다면 이렇게 백성을 사랑하는 마음, 그래서 힘들지만 끝까지 포기하지 않고 한글과 같은 놀라운 글자를 만드는 힘은 어디서 나왔을까요?

기록에 따르면, 세종대왕은 책을 무척 많이 읽는 독서광이었어요. 어찌나 책을 많이 읽었던지 눈이 나빠져서 평생 눈병으로 고생했을 정도라고 하지요. 하지만 이렇게 눈병에 걸린 와중에도 세종대왕은 절대 책 읽는 것을 멈추지 않았어요. 그리고 그 결과 문화와 과학 기술이 발달한 조선을 만들 수 있었지요.

세종대왕이 조선을 빛낸 대표적 임금이었다면, 미국에는 링컨 대통령이 있어요. 링컨은 세종대왕만큼이나 책을 사랑하고 즐겼지요. 어렸을 적 링컨은 가정 형편이 어려워서 몇 시간을 걸어가 책을 빌려 왔고, 그 책이 완전히 이해될 때까지 수없이 반복해서 읽었다고 해요. 사실 가난한 형편 때문에 제대로 된 교육을 받을 수 없었던 링컨이 훗날 훌륭한 지도자가 될 수 있었던 것은 모두 풍부한 독서량 때문이라고 할 수 있어요. 링컨의 지식은 거의 책을 통해서 얻어진 것이었고, 여기에서 자신의 생각을 발전시켜 나갔으니까요.

이 밖에도 우리는 많은 위인이나 성공한 사람들의 예를 통해 그들이 책을 아주 가까이 했다는 점을 알 수 있어요. 많은 책을 읽으면서 자신의 생각을 발전시키고 세상을 바라보는 지혜를 키워서 세상에 기여하는 사람들이 된 것이지요.

자, 그렇다면 지금부터는 이러한 책을 어떻게 읽으면 좋을지 그 방법에 대해 알아볼까요?

첫 번째, 좋은 책을 고르는 것이 가장 중요해요

책을 읽으려는 의지와 마음이 아무리 강하다고 해도 내용이 너무 어렵거나 쉬우면 우리는 금방 흥미를 잃기 쉬워요. 따라서 다른 사람의 추천이나 인기 있는 책을 고르는 것도 좋지만 그보다는 내가 관심 있는 것, 흥미 있는 것에 대해 다루고 있는 책을 고르는 것이 좋아요. 또한 너무 어렵거나 쉽지 않게, 나의 수준보다 약간 높은 수준의 책을 고르는 것이 좋답니다.

두 번째, 책은 한 번 읽고 마는 것이 아니라 가능한 한 여러 번 읽는 것이 좋아요

어떤 친구들은 읽었던 책을 또 읽는 것을 무척 지루하게 생각할 수도 있어요. 하지만 책을 처음 읽는 것과 읽은 책을 다시 한 번 읽는 것은 전혀 다른 경험이 된답니다. 두 번째 볼 때는 처음에 제대로 이해하지 못했던 것도 다시 확실하게 알게 되고, 처음에 무심코 지나친 부분도 살펴볼 수 있게 되지요. 또한 책을 읽고 나서의 느낌도 사뭇 다를 수 있어요. 그렇기 때문에 계속해서 새로운 책을 사서 보는 것도 좋지만 한 번 읽은 책을 두 번 세 번 반복해서 보는 것도 좋은 경험이 된답니다.

세 번째, 책을 읽고 나서는 항상 생각을 정리하는 시간을 갖는 것이 좋아요

가장 흔한 방법은 감상문을 쓰는 것이지요. 책을 읽은 경험을 글로 정리하면서 책의 내용과 나의 느낌을 정리해 두는 거예요. 이 과정을 통해 막연히 머릿속으로 생각했던 것이 글로 표현되면서 조금 더 구체화되고, 여러분의 생각도 체계적으로 정리될 수 있어요. 또한 매번 글을 쓰는 것이 부담스럽다면, 다른 사람들과 함께 책의 내용에 대해 이야기를 해 보는 것도 좋은 경험이 될 수 있어요. 사람은 저마다 독특하기 때문에 같은 책을 읽고도 전혀 다른 생각을 할 수 있기 때문이지요. 그리고 친구나 주변 사람들에게 여러분이 읽은 책을 소개하는 것도 훌륭한 독후활동이 될 수 있답니다.

지금까지 우리는 책이 우리에게 주는 이로움과 어떻게 하면 책을 좀 더 잘 읽을 수 있을지에 대해서 알아보았어요. '사람은 책을 만들고 책은 사람을 만든다.'는 말이 있듯이, 책은 우리의 생각을 넓혀 주고 마음이 자라게 해 준답니다. 지금까지의 내용을 참고하여 여러분도 오늘부터 독서왕이 될 수 있도록 노력해 보세요.

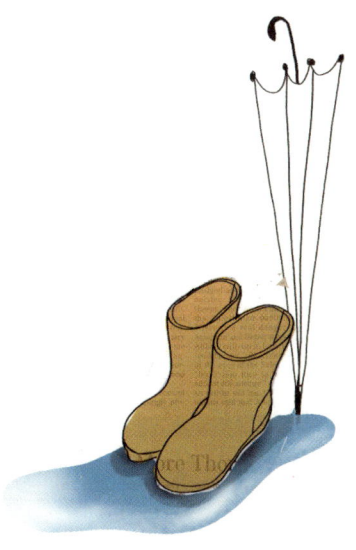

책을 잘 읽기 위해서는 어떻게 하는 것이 좋은지 '나도 이제 독서왕'의 내용을 떠올리며 아래에 적어 보세요.

플러스 tip +

앞서 책을 고르는 기준에서, 나의 흥미나 관심과 관련된 것으로 너무 어렵지도 쉽지도 않은 책을 고르는 것이 좋다고 했어요. 그렇다면 여러분의 흥미와 관심사를 적어 보고, 이와 관련된 책에는 어떠한 것들이 있는지 서점이나 인터넷을 통해 조사한 뒤 그 책의 제목을 적어 보세요.

흥미나 관심이 있는 분야

우리나라의 전통문화
_____
_____
_____
_____

관련된 책의 제목
_____
_____
_____
_____
_____
_____

마인드맵으로 공부하기

공부를 하면 항상 이전에는 몰랐던 새로운 사실들에 대해서 알게 되지요. 이러한 새로운 사실과 지식을 체계적으로 머릿속에 잘 기억하고 있는 친구들은 보통 학업 성적도 뛰어난 경우가 많아요. 똑같이 수업을 듣고 똑같이 필기를 했는데도 왜 어떤 친구들은 내용을 보다 짜임새 있게 오래 기억하고, 어떤 친구들은 금세 잊어버리는 걸까요? 여러 가지 이유가 있겠지만 아마도 공부한 내용을 어떠한 형식으로 정리하여 머릿속에 기억하고 저장하는지, 그 방법이 큰 영향을 미칠 거예요. 그래서 여기서는 공부한 내용을 보다 효율적으로 기록하고 정리할 수 있는 방법에 대해 살펴봅시다. 공부한 내용이 잘 정리가 되지 않아 어려움을 겪은 친구들이라면 더욱 눈을 크게 뜨고 집중해서 읽어 보도록 해요.

학업 성적이 우수한 학생들의 가장 큰 특징은 공부한 내용을 자기 나름의 체계를 갖고 정리한다는 점에 있답니다. 즉, 배운 내용을 잘 기록해 두었다가 이를 그대로 받아들이는 것이 아니라, 그것을 정리하는 과정에서 나름의 짜임새나 구조, 체계를 만들어 기억한다는 것이지요. 그러한 방법 중 하나가 마인드맵이랍니다. 마인드맵을 사용하면 공부한 내용을 보다 잘 정리하고, 보다 오래 기억할 수 있지요. 마인드맵을 자세히 들여다보면 단어와 그 단어가 표시하는 그림, 그리고 단어와 단어를 서로 연결해 주는 선으로 이루어져 있는 것을 알 수 있어요.

다음은 계절을 가지고 그려 본 마인드맵이에요. 자세히 관찰해 보면 마인드맵의 다양한 특징을 알 수 있을 거예요. 참, 이 마인드맵은 완성된 것이 아니랍니다. 다시 또 세부 요소들에서 가지가 뻗어 나갈 수 있

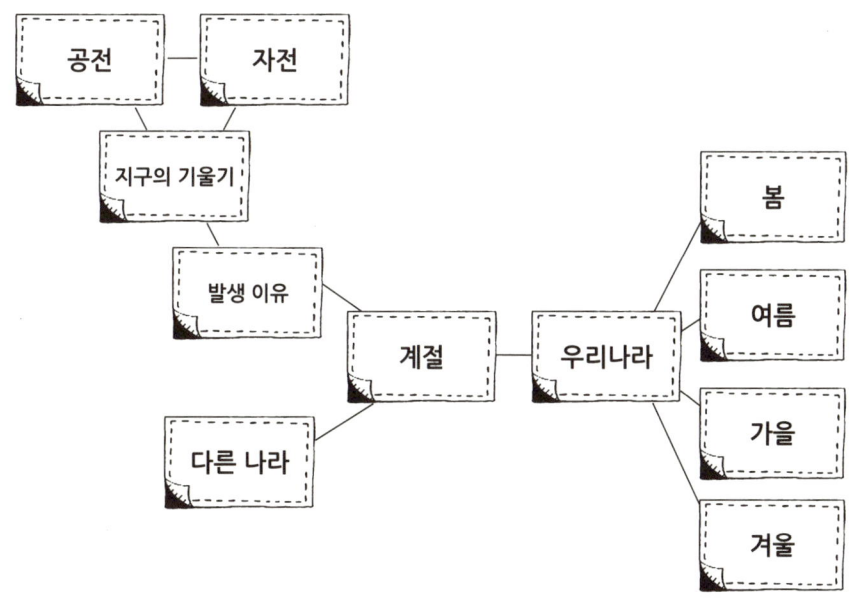

고, 일단 완성되더라도 언제든 더 추가할 수 있지요.

　마인드맵의 장점은, 무엇보다 시각적으로 한눈에 들어온다는 것입니다. 글로 쭉 써내려 갈 때보다 훨씬 체계적이고 전체 구조를 파악하기가 쉽지요. 그렇기 때문에 수업 내용을 마인드맵으로 그려 보는 것은 여러분의 실력 향상에 밑거름이 될 수 있어요. 마인드맵은 전체 내용을 한눈에 알아볼 수 있게 해 주고, 핵심 개념 위주로 중요한 사실만 포함되어 있기 때문이지요.

　이처럼 공부를 할 때 마인드맵을 이용한다면 재미없거나 무엇이 중요한지 모를 때 큰 도움을 받을 수 있어요. 마인드맵을 그리는 과정에서 자연스럽게 중요한 내용을 파악하게 되고, 즐거운 마음으로 재미있게 공부할 수 있기 때문이지요. 공부가 어렵고 따분한 친구들은 지금부터 마인드맵을 한번 그려 보는 것은 어떨까요?

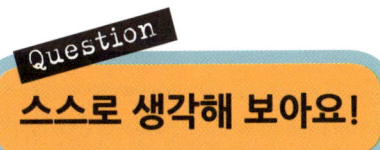

'마인드맵으로 공부하기'를 읽어 보았나요? 마인드맵으로 공부를 하면 어떤 점이 좋은지 읽은 내용을 떠올리며 적어 보세요.

플러스 tip +

이제는 여러분이 직접 마인드맵을 그려 볼까요? 처음 그리는 경우, 무슨 내용을 넣어야 할지 잘 몰라 어렵게 느껴지기도 하고, 정리한 내용이 그리 체계적으로 보이지 않을 수도 있어요. 하지만 여러 번 하다 보면 어색함도 사라지고, 보다 잘 정리할 수 있게 된답니다. 무엇보다 중요한 것은 열심히 하고자 하는 마음과 꾸준히 발전하려는 자세라는 점을 잊지 마세요.

※ 다음 중에서 한 가지 주제를 골라 마인드맵을 작성해 봅시다.

[친구, 축구, 교실, 소풍, 운동회, 가족, 게임]

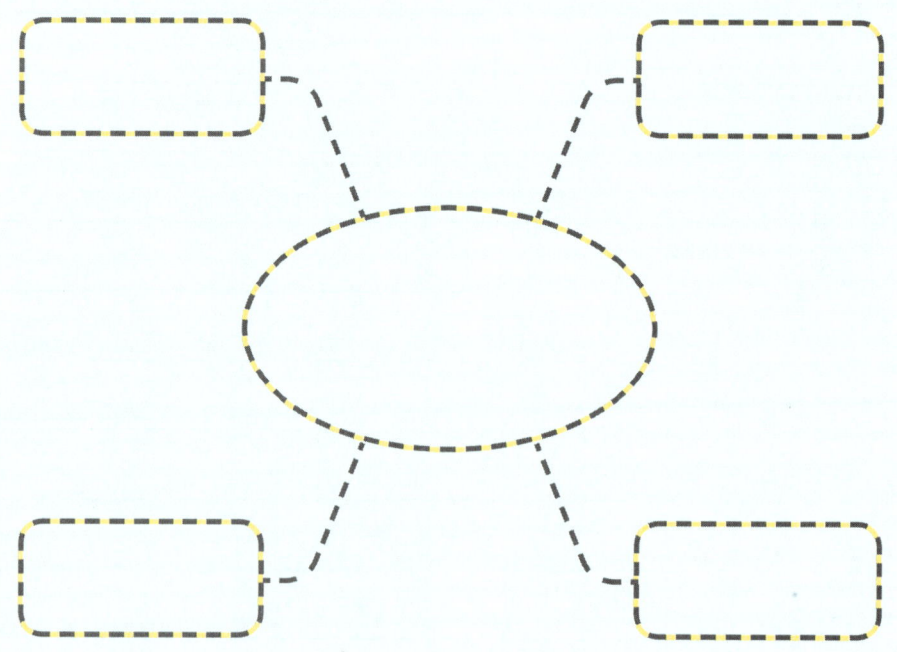

<마인드맵 작성해 보기>

1. 생각나는 대로 가지를 늘려 나갑니다.

2. 가지가 많아질수록 기억을 많이 하고 있음을 보여 줍니다.

자기주도성 영역 마무리하기

1. ○○에게 자기주도성이란?

여러분은 지금까지 자기주도성에 대해 생각해 보았어요. 각각의 글을 읽고 그에 대해 답하고 적용해 보면서 자기주도성이 길러졌을 거예요. 이제 여러분만의 자기주도성에 대해 정리해 볼까요?

1) 한 단어로 정리해 보세요.

○○○의 자기주도성은 _____ 다.

왜냐하면
① _____ 이기 때문에
② _____ 이기 때문에
③ _____ 이기 때문에

2) 이 책을 읽고 나서 스스로 많이 좋아졌다고 생각되는 자기주도성 영역은 무엇인가요?

좋아진 영역: _____

〈책 읽기 전과 읽은 후 달라진 내 모습 비교〉

〈읽기 전〉	〈읽은 후〉

3) 아직 변하지는 못했지만 좋아지고 싶은 자기주도성 영역은 무엇인가요? 그리고 어떻게 하면 좋아질 수 있을까요?

좋아지고 싶은 영역: _____

실천 계획

① _____

② _____

③ _____

저자 소개

김동일, Ph.D

현재 서울대학교 사범대학 교육상담 전공 및 동 대학원 특수교육 전공 주임교수로 재직하고 있다. 서울대학교 교육학과를 졸업하고 교육부 국비 유학생으로 선발되어 미네소타 대학교 교육심리학과에서 학습 및 정서장애 연구로 석사·박사 학위를 취득한 후 Developmental Studies Center Research Associate, 한국청소년상담원 상담교수, 경인교육대학교 교육학과 교수, 한국학습장애학회 회장을 역임했다. 현재 한국아동청소년상담학회 회장, 한국교육심리학회 부회장, 서울경기인천상담학회 부회장을 맡고 있으며, 2007~2012 BK역량기반교육혁신연구사업단 연구부문 공로업적상, 2009 독서교육대상, 2009 인터넷역기능연구부문 행정안전부 장관 표창을 수상했다. 『학습상담』을 비롯한 30여 권의 (공)저서를 출간하였으며, 국내외 전문학술지에 150편의 연구논문을 게재하였다.

글로벌 미래 인재를 위한
어린이 창의리더십 워크북

2013년 6월 25일 1판 1쇄 인쇄
2013년 6월 28일 1판 1쇄 발행

지은이 • 김동일
펴낸이 • 김진환
펴낸곳 • (주)학지사
　　　　121-837 서울시 마포구 서교동 352-29 마인드월드빌딩 5층
대표전화 • 02)330-5114　　　팩스 • 02)324-2345
등록번호 • 제313-2006-000265호

홈페이지 • http://www.hakjisa.co.kr
커뮤니티 • http://cafe.naver.com/hakjisa

ISBN 978-89-997-0119-1 03370

정가 13,500원

저자와의 협약으로 인지는 생략합니다.
파본은 구입처에서 교환해 드립니다.

이 책을 무단으로 전재하거나 복제할 경우 저작권법에 따라 처벌을 받게 됩니다.

인터넷 학술논문 원문 서비스 뉴논문 www.newnonmun.com

이 도서의 국립중앙도서관 출판시도서목록(CIP)은 서지정보유통지
원시스템 홈페이지(http://seoji.nl.go.kr)와 국가자료공동목록시스템
(http://www.nl.go.kr/kolisnet)에서 이용하실 수 있습니다.
(CIP 제어번호: 2013009987)